一日2分で細くなる!

脚やせ本

ashiyase-bon　takuro mori

ボディワーカー
森 拓郎

講談社

はじめに

女性の悩みの中で特に多く寄せられるのが、脚についての悩み。男性に比べて、女性は骨盤が大きく、ホルモンの影響でも下半身に脂肪がつきやすいというのは宿命です。その反面、カーヴィーなラインは美しさの象徴でもあるため、これを失わずして適度に脂肪と筋肉がつき、O脚などのラインの崩れがない脚こそが美脚といわれるのではないでしょうか。

悩みを詳しく聞いてみると、ダイエットをしても上半身ばかりがやせてしまって、下半身はまったくやせないという人や、やせてもお尻が下がっていたり、筋肉質な太ももやふくらはぎだけが強調されてしまった、O脚など脚のラインが気になってしまうという人も多くいらっしゃいます。このような悩みに対して「脚が太くなる原因は脂肪だから、もっと体脂肪を落とすべき」といって食事制限や有酸素運動を増やしても、状況は悪化するだけ。また、お尻を鍛えさえすれば美脚になれると筋トレに励んだところで、普段の体の使い方のクセを改善せずにやってしまうと、やはり脚全体がたくましい状態に。さらにはマッサージやストレッチもやり尽くし、エステにも通ったが効果なしという人も多数いらっしゃるでしょう。

どの方法も、人によってはバッチリ効果を発揮したという例もあるでしょうが、私が本書で提案する脚やせ法は、脚に脂肪がつきやすくなってしまう、脚のラインが崩れてしまうなどの悩みに対して根本原因からの改善を最優先するものです。その原因は、実は股関節にあります。正直、なんだ……以前からそんなことよく言われているじゃないかとガッカリされる方もいるかもしれません。股関節は、骨盤と脚を繋げる人間の機能の要。しかし、従来の方法はただ柔軟性をあげようとしたり、動かすことがメインで、ひとつひとつ、なぜそうなのかに言及しているものが少なかったのではないでしょうか？

本書では、脚の悩みの根本原因である股関節のねじれとずれ、そしてそこから波及するひざや足首、上半身についても、〝なぜ〟をしっかり説明して改善方法をお伝えしています。さらに、効果をあげるために重要なのが動画です。写真を見てなんとなくやるだけでは正直、効果は半減。失敗しやすいポイントの解説を交じえつつ、すべての動作に必要な回数やスピード、時間が収録されているので、本当にレッスンを受けているかのように実践できます。

本書の写真を見るだけだと、特に目新しいものがないと感じる方も少なくないでしょう。しかし、そこで気づいてほしいのは、今まで効果のある方法を効果的に行っていなかっただけだということ。それを動画を見て実践し、体感していただきたいのです。やったことがあるストレッチが、意識を変えるだけでまったく別物と感じることを約束します。

本書を通じて、ストレッチやエクササイズは質が大事だということを実感いただき、多くの人の悩みが解消されることを祈っています。一緒に頑張りましょう！

食事を減らしても
脚は細くなりません。
脚が太くなるのは
股関節がねじれることでずれて、
正しく機能していないから。

そして、
お尻の筋肉に
サボりグセがついて
脚に余計な仕事を
させているのが原因です。

脚を細くするには、
股関節まわりの筋肉をストレッチして、
股関節のねじれを解消する
こと。
それをキープするために、筋トレで
お尻を目覚めさせる
こと。

この2つを行えば、みるみる脚の形が変わってきます！

股関節のねじれがとれる＆お尻の筋肉が働くといいことがいっぱい！

O 脚・X 脚などが改善し、
脚がまっすぐになる

太ももの
横張りがとれる

腰幅が
細くなる

腰痛が軽減

ひざ上の
たるみが
すっきり！

むくみが
軽くなる

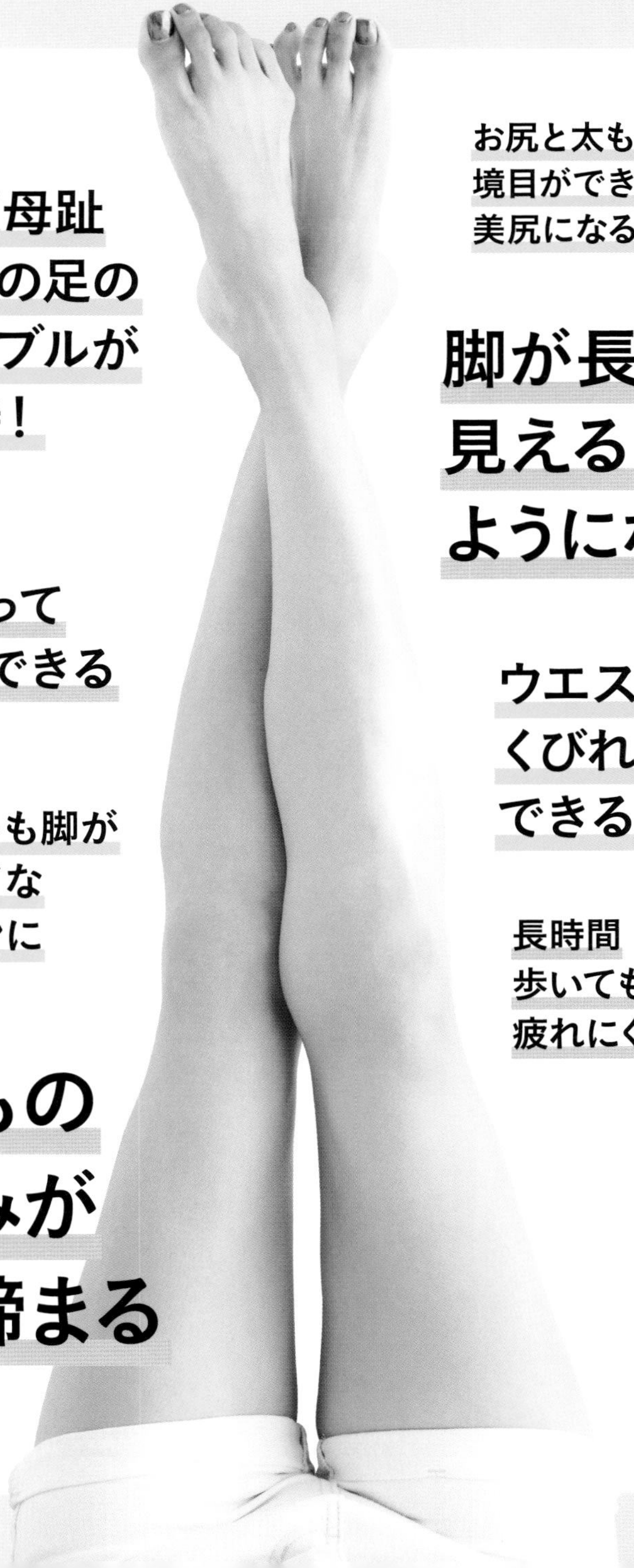

お尻と太ももの
境目ができて
美尻になる

外反母趾
などの足の
トラブルが
改善！

脚が長く
見える
ようになる

足首が
引き締まって
くびれができる

ウエストに
くびれが
できる

ししゃも脚が
キレイな
ラインに

長時間
歩いても
疲れにくくなる

太ももの
たるみが
引き締まる

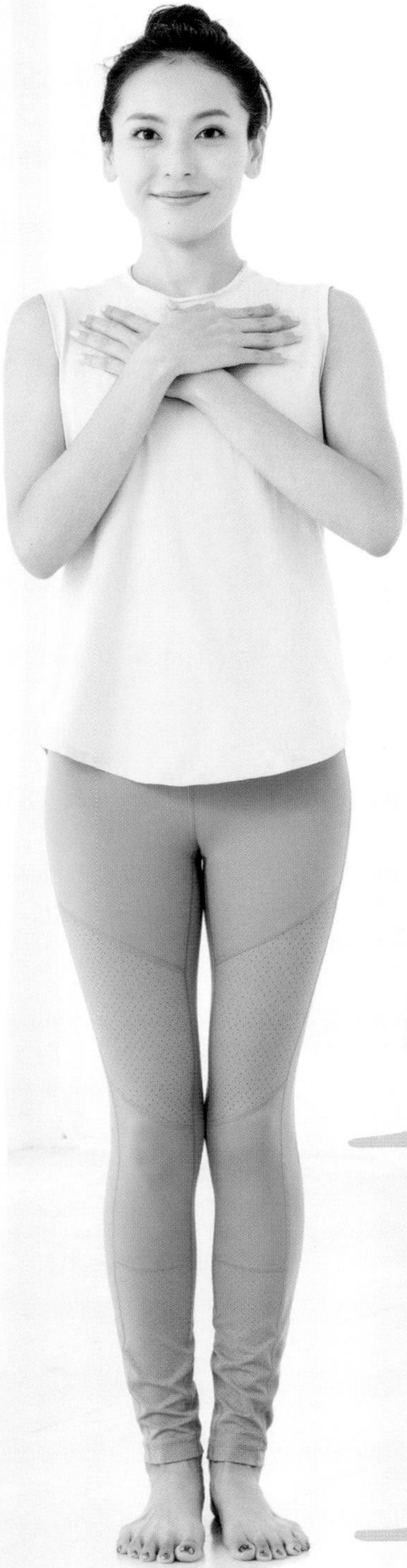

2分でできる！

究極の脚やせエクササイズ “ぷり尻《じり》ランジ” 1

ランジとは脚を前後に開いて行うエクササイズのこと。
右にお尻を突き出したら、左脚を斜め後ろに引いて、
右のお尻が伸びているのを感じましょう。
股関節のストレッチとお尻の奥の筋トレを同時に行える、
究極の脚やせエクササイズです！

これだけでも OK!

やり方をくわしく
知りたい人は
36ページへ

左右
各10回
お尻を横に
突き出す
ぷりっ
反対側の脚を
後ろに引く
2

短期間で

「脚が細くなった！」体験談

体重は落ちても脚だけは太いまま……と悩む３名が森式脚やせメソッドに挑戦。ストレッチを１回行っただけでもO脚のすき間が狭まり、短期間でこの変化！　次の脚やせはあなたの番です。

ストレッチを１回行っただけでまっすぐ脚に！

ダイエットをしても脚は細くならないと悩んでいたSさん。「日本人に多い典型的なO脚。『股関節全方位ストレッチ』と『ひざ下まっすぐストレッチ』を行って、股関節まわりの筋肉をほぐせばO脚が改善しますよ」と森さん。その言葉通り、１回で脚のすき間が狭まった！

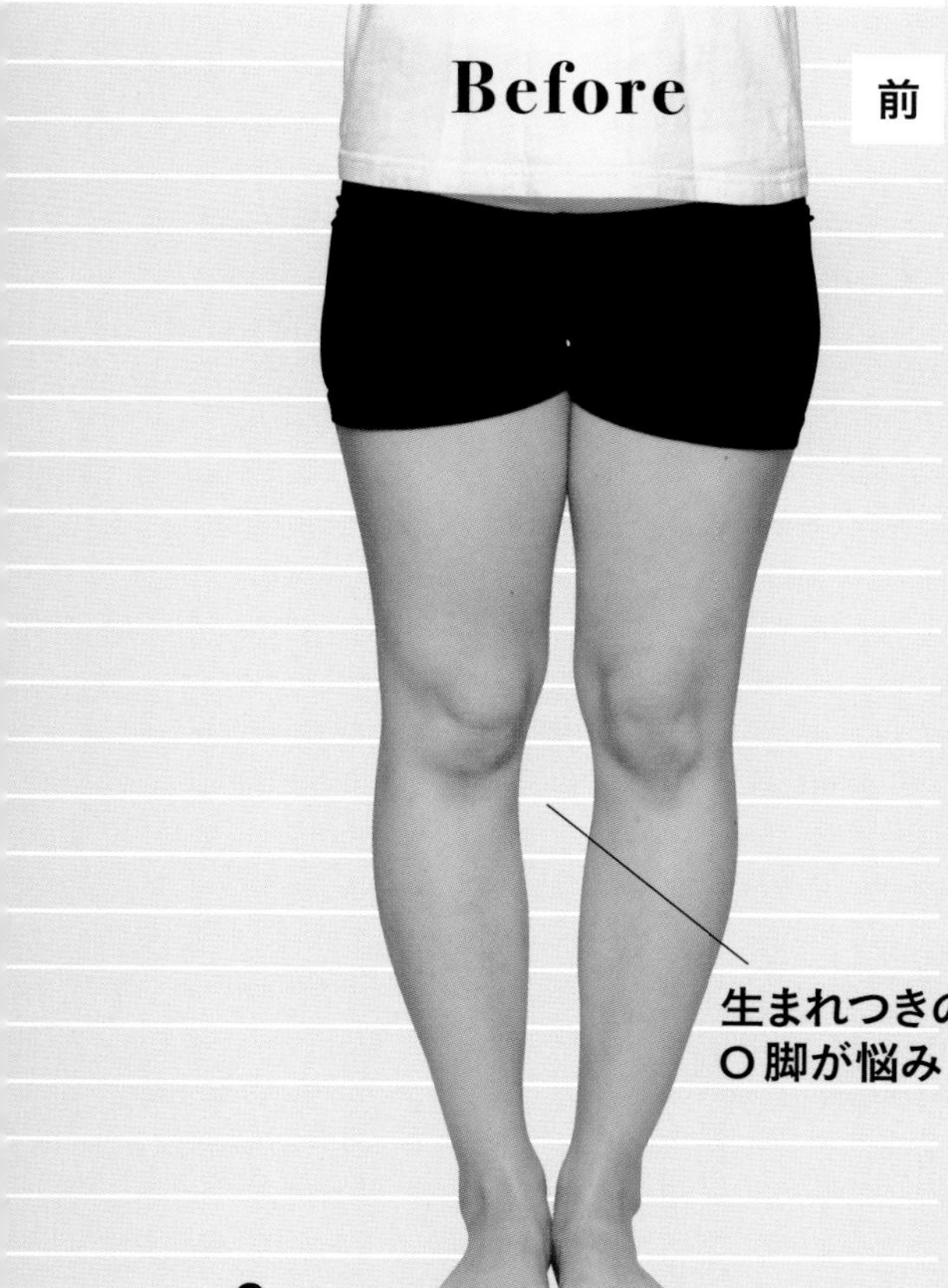
Before
前
生まれつきの
O脚が悩み

体重が落ちても
脚だけはやせない……

O脚がまっすぐになって、体重も2kg減った！

体験した人　Sさん・30代

「ストレッチを始めて2週間後にはひざがつくようになって、3週間後はふくらはぎまでスッキリ。食事を変えずに体重が2kgも減ったのは驚き」

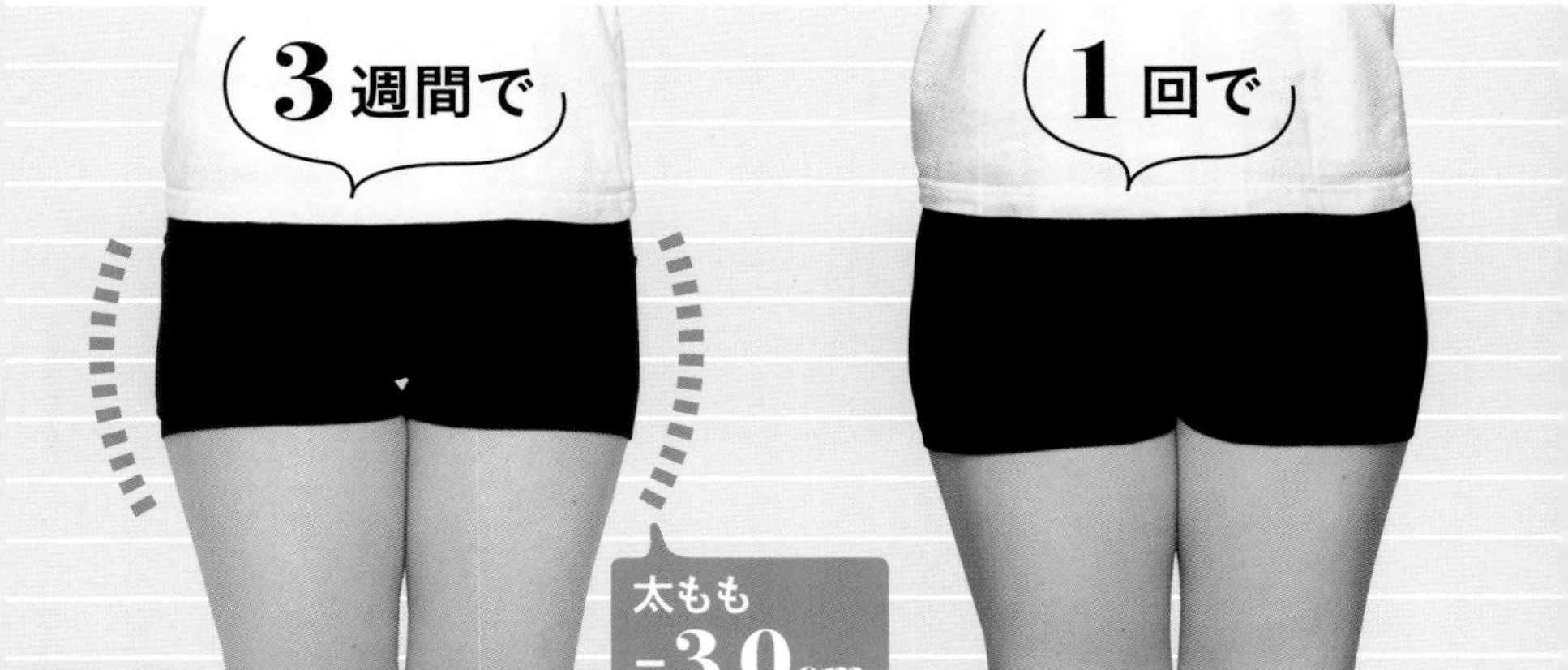
3週間で
1回で
太もも
-3.0cm
ひざ上
-2.0cm
ふくらはぎ
-1.5cm

O脚がまっすぐになり、太ももが細くなった！

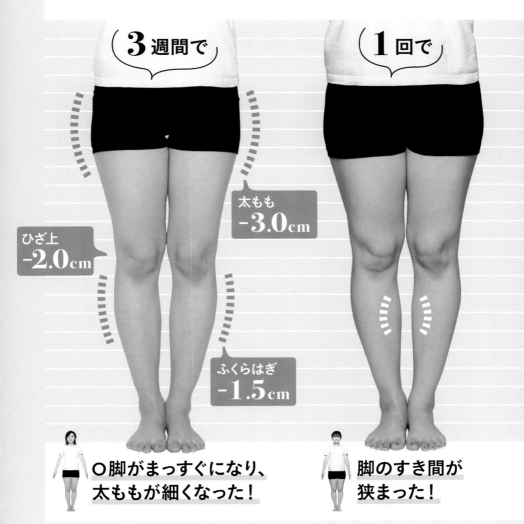

脚のすき間が狭まった！

外ももの張りがとれ股にすき間ができた！

「腰から太ももの横の張りは、股関節がねじれて太ももが外に張り出していることが原因。ストレッチを続けて股関節まわりの筋肉がほぐれて、股にすき間ができ、腰やふくらはぎの張りも減っています」（森さん）

体験した人
Aさん・30代

「はじめは股関節のつまりを感じていたけれど、それがなくなりました。腰の張りがとれて、パンツが少しゆるくなりました」

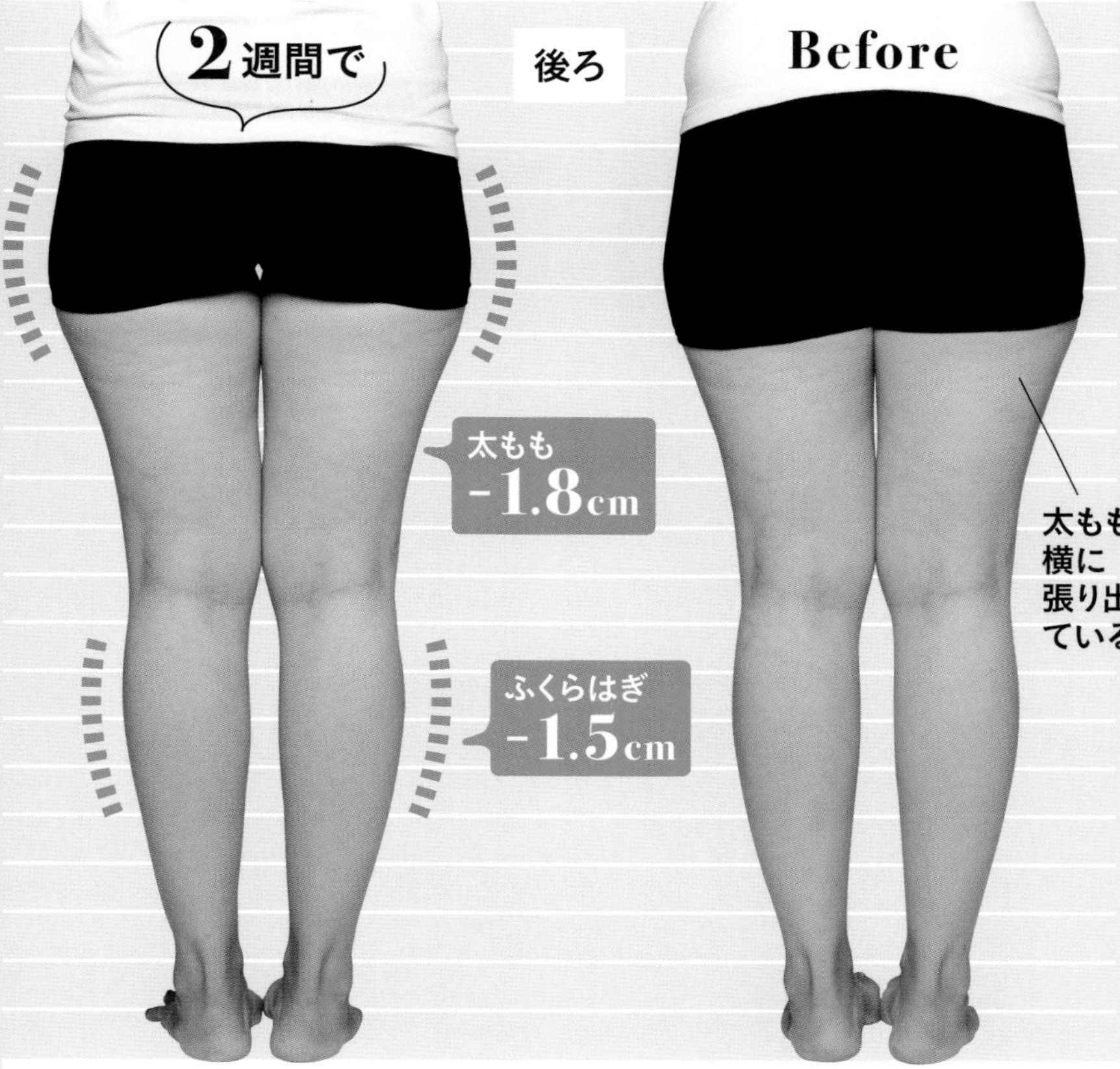
2週間で
後ろ
Before
太もも
-1.8cm
ふくらはぎ
-1.5cm
太ももが横に張り出している

太ももの張りがとれ、お尻もスッキリ

太ももとお尻が横に張り出している

足首のねじれがとれて、太ももはスッキリ

「ひざのねじれが大きい、ひざ下O脚タイプ。Beforeは左右の足の親指がつけられないほど足首がねじれていましたが、ストレッチでねじれがとれ、太ももとふくらはぎの横張り、ひざ上のたるみがスッキリ」(森さん)

体験した人

Yさん・20代

「はじめは痛みが強かったストレッチも、今では気持ちよくなりました。脚の張りがとれて、むくみにくくなったのもうれしい」

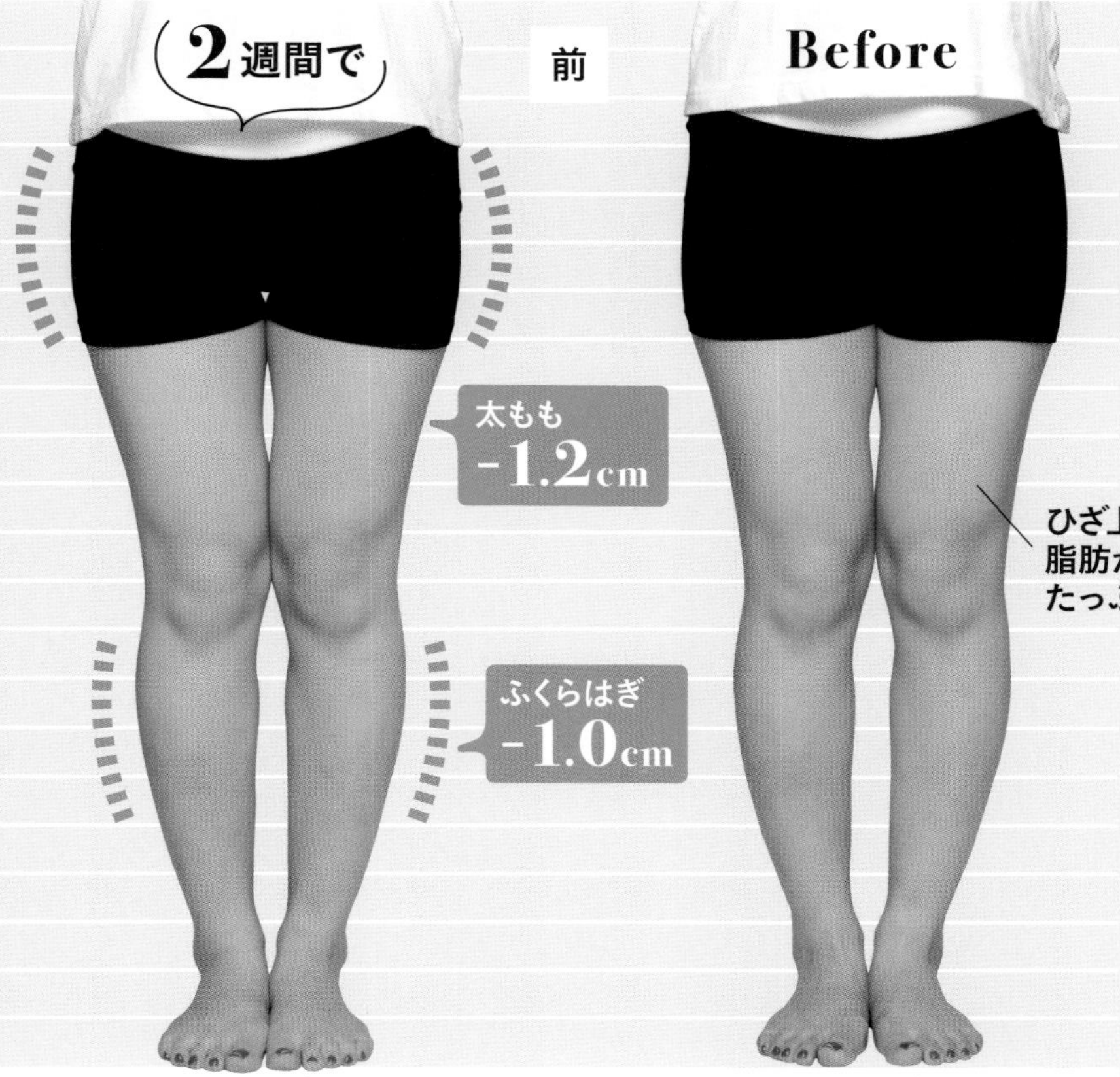
2週間で
前
Before
太もも
-1.2cm
ふくらはぎ
-1.0cm
ひざ上に
脂肪が
たっぷり

ひざ下が
まっすぐに!

ふくらはぎが
外に張っていた

Chapter 2

全方位ストレッチ

体の変化を感じながら行おう！

効果を上げるための『脚やせガイド』

どんな方でも効果を上げられるように、
本書ではたくさんのエクササイズを紹介しています。
CHECKの結果ややる気によって、
自分に合ったエクササイズを選んで始めましょう。

これだけでもOK! ベーシックコース（Chapter 1参照）

毎日必ずぷり尻ランジを行う

P36-39

左右各10回

一日2分だけ！

「ぷり尻ランジ」は１ポーズで、股関節まわりのストレッチとお尻の筋トレを同時にできるエクササイズ。時間がない、根気がない、そんな人はまず この１ポーズを2週間毎日続けてみましょう。

より美脚を目指すためのスペシャルコース（Chapter 2 以降参照）

まずは「股関節のつまりCHECK1～2」を行う P42-45

1

CHECK1「ひざ抱え」がやりづらい人は……

股関節全方位ストレッチを2週間行う

Chapter 2

股関節まわりの筋肉が硬いので、ねじれを解消しましょう。

※上手くストレッチができない人は準備(P50-53)を念入りに！

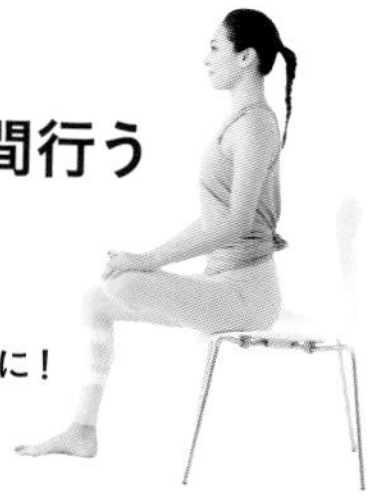

2

CHECK2「足踏み」がやりづらい人は……

お尻全方位筋トレを2週間行う

Chapter 4

お尻の筋力が落ちているので、お尻まわりを鍛えましょう。

3

CHECK1「ひざ抱え」とCHECK2「足踏み」の両方できない人は……

最初の2週間

股関節全方位ストレッチ Chapter 2 ＋
ひざ下まっすぐストレッチ Chapter 3 を行う

※上手くストレッチができない人は準備(P70-71)を念入りに！

次の2週間

お尻全方位筋トレ Chapter 4 を行う

股関節とひざのねじれが整ったら、お尻の筋トレを行うと効果的。

お悩みパーツ別エクササイズは気になるものをやってOK Chapter 5

2週間 or 1ヵ月続けた後はどうすればいいの？

苦手な動きをくり返し行いましょう

2週間から1ヵ月続けた頃に改めてCHECKを行って股関節の変化を感じてみましょう。まだつまりを感じるなら、もう1回同じエクササイズを行ったり、苦手だったエクササイズをくり返し続けて。

Chapter

1

股関節のヒミツ

脚やせのカギを握る

「脚やせしたい」と思ったら
まず知るべきは股関節の役割。

その重要性を知れば知るほど、
理想の脚に近づく方法がわかります。

座り姿勢が続く現代人に太脚さんが急増中

脚が太くなる根本原因は股関節のねじれだった！

脚だけが細くならないのは体質だけではありません。その最大の理由は股関節のねじれ。**骨盤の横にあるくぼみに太ももの骨の先端がはまったところ、その連結部分が股関節**です。立ったり、歩いたり、座ったりするときに脚が前後左右に動いたり、脚を回旋させながら体をスムーズに動かすことができるのはこの股関節のおかげ。ところが、**さまざまな方向に動く股関節は体の使い方のクセが出てねじれやすく、それが脚が太くなる原因**です。股関節は脚の形や太さを左右する大切なポイント。特に長時間の座り姿勢が多い現代人は、股関節がねじれているせいで脚が細くならない人が増えています。

太脚・細脚の股関節の違い

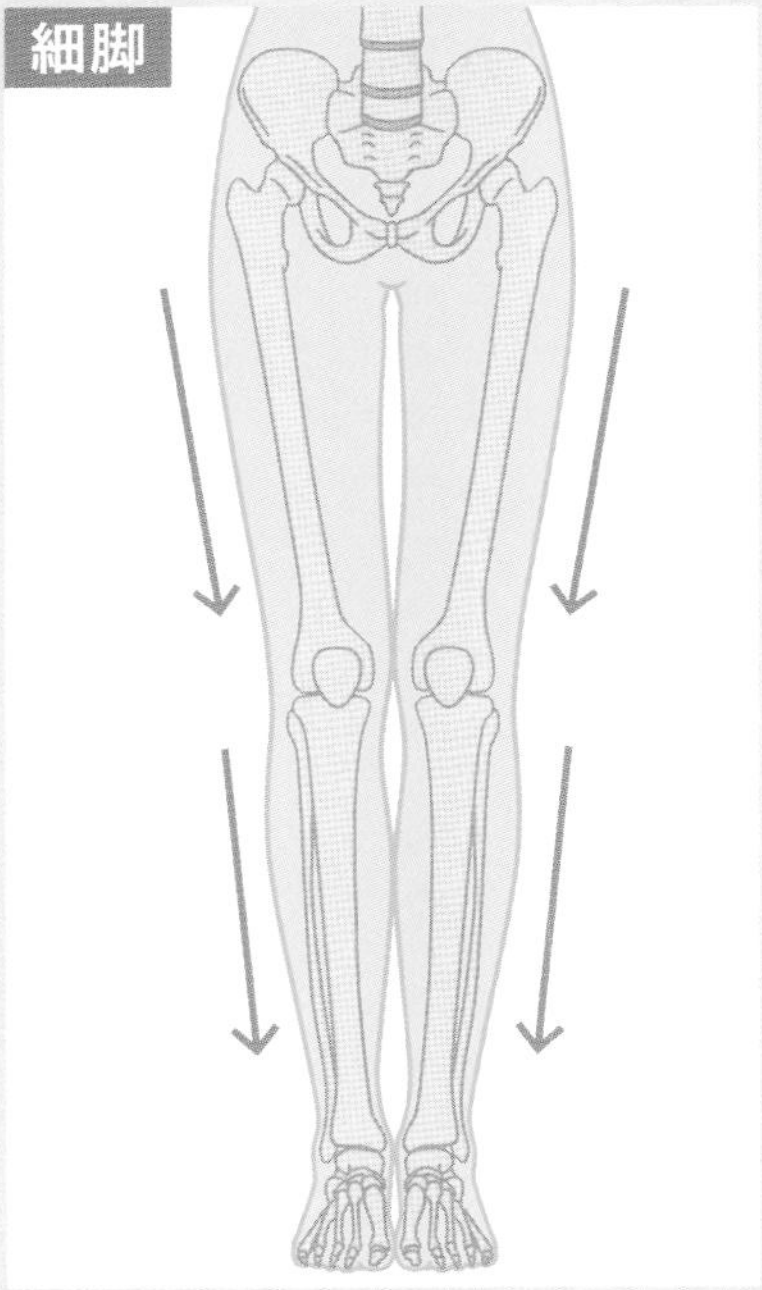
細脚

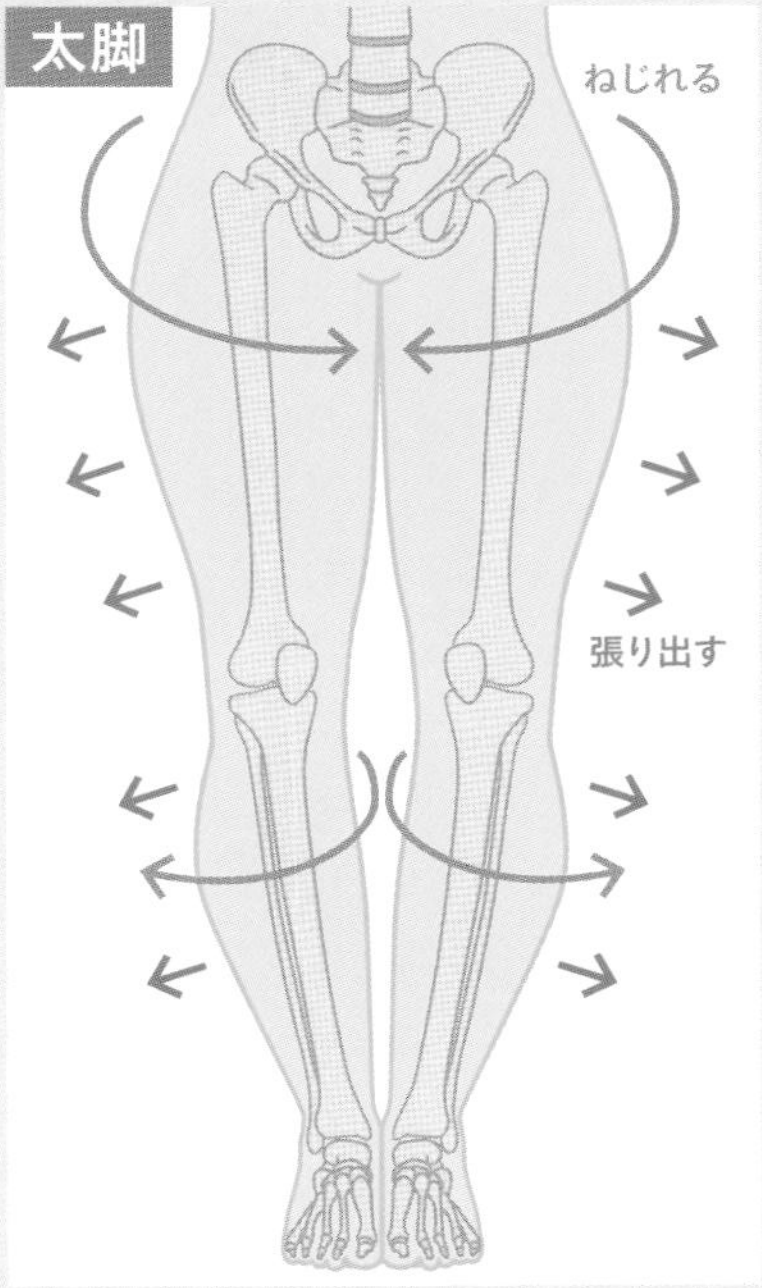
太脚
ねじれる
張り出す

股関節が正しい位置で細脚に

太ももの骨が股関節のくぼみの正しい位置にあると、脚がねじれることなくまっすぐ下へ。そのため骨のまわりに筋肉や脂肪が均等につき、まっすぐ細脚に。

股関節がずれて太脚に

脚の太い人に多いのは、大腿骨が内旋（内側に回る）し、ひざ下は外側に引っ張られ（外旋）ているケース。太ももとふくらはぎが外に張り出して、太く見えます。

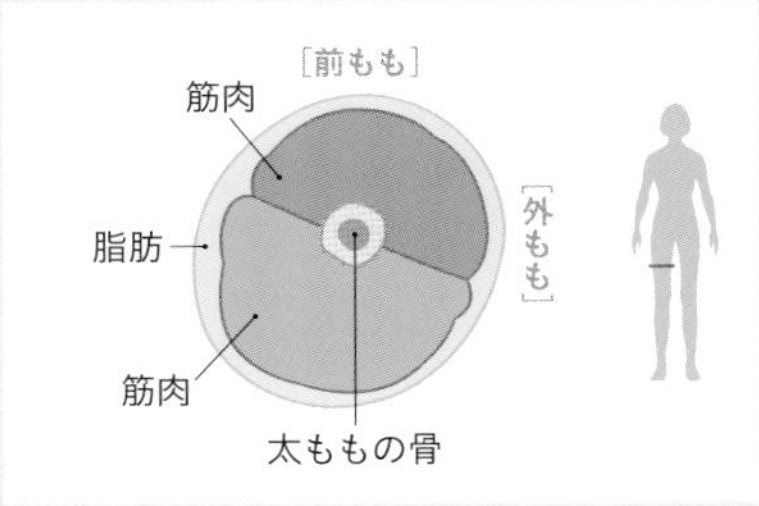
［前もも］
筋肉
［外もも］
脂肪
筋肉
太ももの骨

筋肉や脂肪が均等につき、太ももは円形に近づくため、脚が細く見えます。

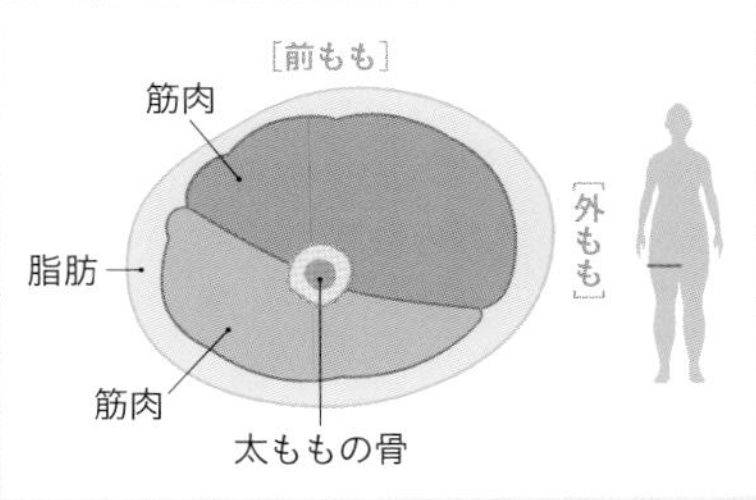
［前もも］
筋肉
［外もも］
脂肪
筋肉
太ももの骨

股関節が内旋すると、外ももや前ももの筋肉が張って太ももはだ円形に。

外張り、O脚、X脚……

股関節がねじれてずれると、脚は外へ広がり太くなる

股関節は骨盤と脚の骨をつなぐ下半身の要。股関節がねじれると、骨盤や脚の骨などにも悪い影響を及ぼします。脚が太いと悩む人に特に多いのは、股関節が内向きにねじれて（内旋）、脚の骨がつけ根から外や前に張り出すタイプ。股関節がねじれると、股関節の動きが制限されます。そのため、無理に太ももやふくらはぎの筋肉を使って脚を動かそうとするので、外側や前側の筋肉が発達して横に広がったたくましい脚になります。また、股関節とひざの関節は連動しているので、股関節が内向きにずれている場合はひざの関節は外側にずれてねじれます（外旋）。これがO脚やひざ下O脚、X脚など

の原因に。こうして股関節のねじれは、ひざのねじれ、足首のねじれを引き起こし、どんどん脚を太くしていきます。

この股関節のねじれに気づかずに、脚を細くしたいと走ったり、筋トレなどの運動をしたら大変！　脚は細くなるどころか太くなることさえあるのです。脚を細くしたいなら、股関節を正しい位置にすることが近道なのです。

股関節がねじれが O脚やX脚の原因に

股関節が内旋すると、太ももの骨は外や前に張り出します。特に横への広がりが強いとO脚に、前への張り出しが強いとX脚に。どちらにしても、脚が太く見えるのは股関節のねじれが原因です。

まっすぐな脚は、むくみや冷えもない！

股関節のねじれが血管を圧迫、脂肪がたまりやすい脚になる

股関節のねじれは脚の形を悪くするばかりではありません。むくみや冷えを引き起こす原因でもあるのです。なぜなら、股関節の内側（そけい部）には下半身へ血液を運ぶ動脈と老廃物や余分な水分を回収する太い静脈が通っているから。**股関節がねじれるとその血管が圧迫され、血流が悪化して下半身の冷えやむくみが起こります。**

股関節とひざのねじれは連動していると前述しましたが、実は血管のポイントはひざにもあります。つまり、股関節がねじれれば、股関節とひざの2ヵ所で血管がせき止められてしまうのです。股関節やひざの関節にねじれが

生じると、血管が圧迫されて血流がせき止められ老廃物が蓄積。流れの悪い川に汚れがどんどんたまるように、太ももやひざ上に脂肪がたっぷりたまってしまうのです。逆に、股関節とひざを正しい位置にリセットすれば、圧迫されていた血管が開放されて、血液がするすると流れます。すると**老廃物の回収がスムーズになり、脂肪や水分がたまりにくい脚に！**

血管が圧迫されると 脚が太くなる

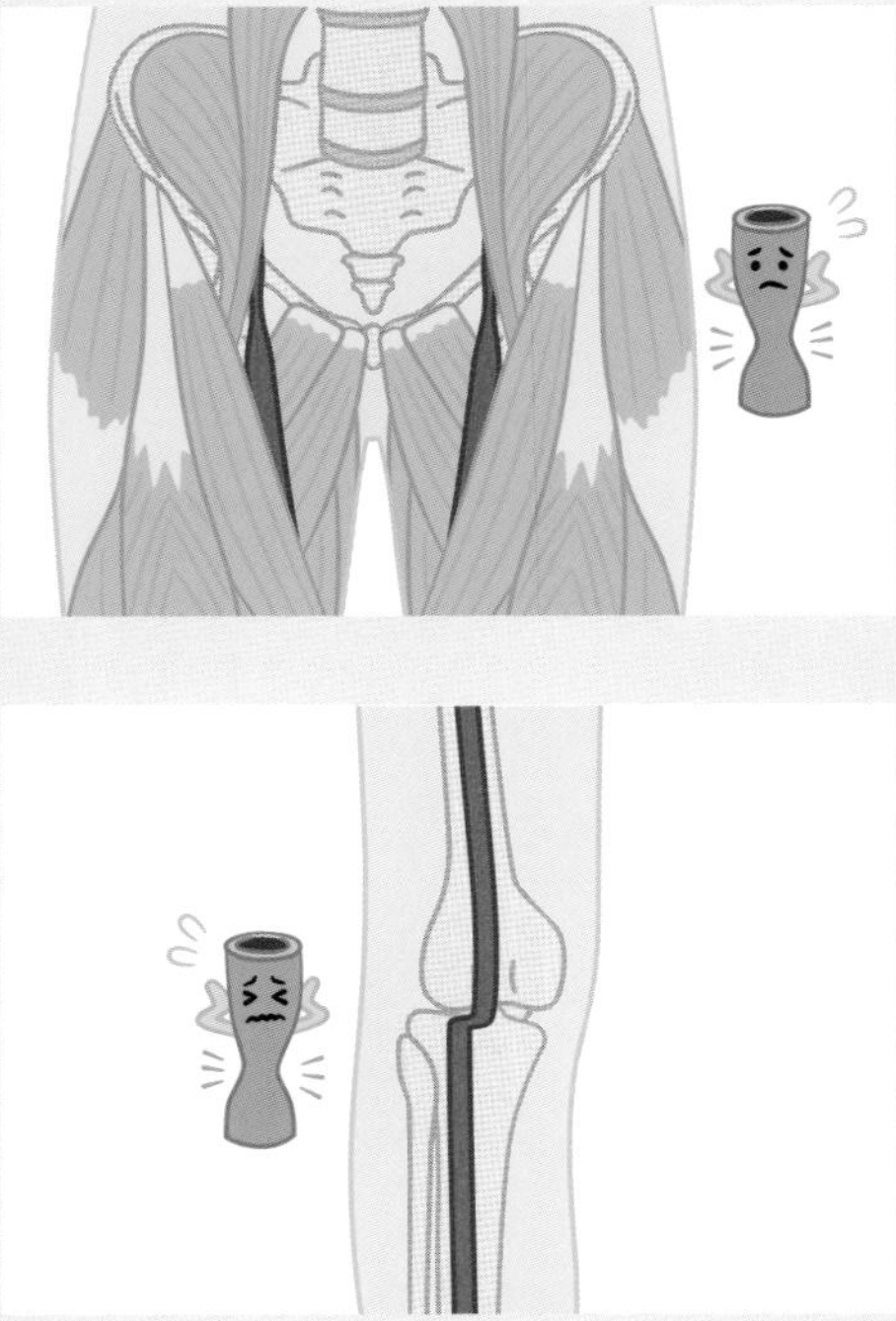

股関節がねじれるとそけい部の太い血管を圧迫して、下半身の血流が悪くなります。さらに、ひざの関節もねじれると、ここでも血管を圧迫。ひざ下がむくみやすくなり、ずんどう足首に！

股関節のねじれを正すには……

動きの悪い股関節まわりの ストレッチが効く！

股関節が正しいポジションにあれば、スムーズに動いて筋肉をバランスよく使え、脂肪がつきづらくなります。ところが**運動不足や座りっぱなしなど、同じ姿勢が続くと股関節まわりの筋肉が硬くなり、股関節の動きが悪化。**ちょうど蝶番《ちょうつがい》がさびついて動きの悪くなったドアと同じようなもの。硬くなった筋肉に邪魔をされて股関節の可動域が狭まり、体はスムーズに動きません。またこの**股関節の硬さが脚の形を悪くする一因**です。例えば、股関節の外側が硬いと太ももが外に引っ張られてがっしりとした、たくましい脚に。股関節の前側が硬ければ骨盤が前に引っ張られて反り腰になり、体重が前にのりやすくなるので前ももがパンと張ってきます。また、股関節の後ろ側が硬いと、骨盤が後ろに引っ張られて、お尻と脚の境目がなくなってピーマン尻になるのです。生活習慣の違いによって、股関節の前、外、後ろ、内側など硬くなる場所は人それぞれ。でも、硬い場所がどこであれ、脚を細くしたいなら股関節まわりのストレッチが欠かせません。

股関節の動きを阻む硬くなりやすい脚の筋肉

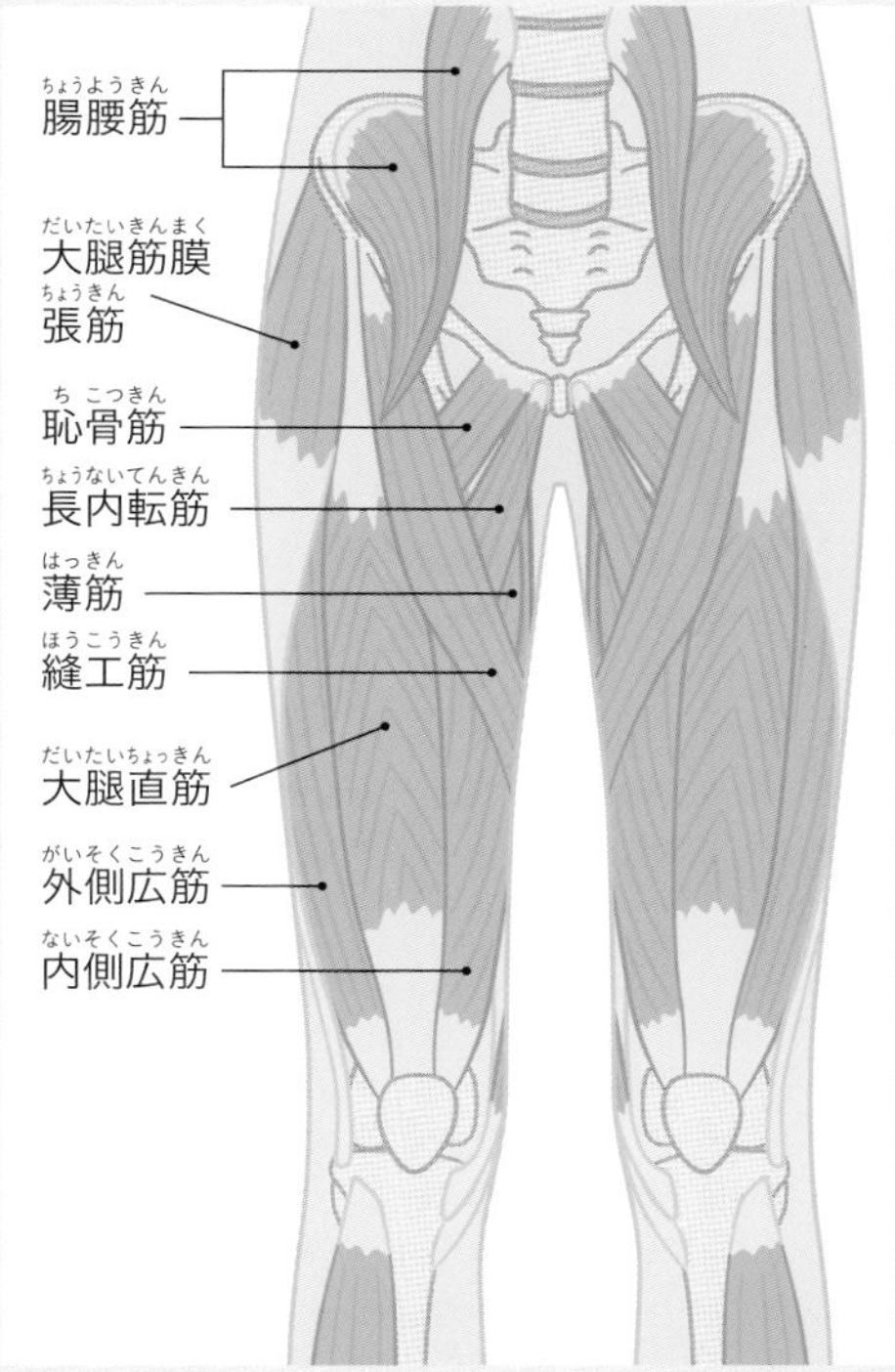
腸腰筋《ちょうようきん》
大腿筋膜《だいたいきんまく》張筋《ちょうきん》
恥《ち》骨筋《こつきん》
長内転筋《ちょうないてんきん》
薄筋《はっきん》
縫工筋《ほうこうきん》
大腿直筋《だいたいちょっきん》
外側広筋《がいそくこうきん》
内側広筋《ないそくこうきん》

股関節は前後左右上下に動く可動域の広さが特徴。しかし、まわりの筋肉が硬くなると可動域が狭まり、それが脚を太くする原因に。股関節の動きを阻む筋肉をストレッチすれば脚が細くなります。

※筋肉図はすべて左右対称です。

鍛えるなら脚よりお尻

お尻の筋肉を目覚めさせる筋トレが効く！

　ストレッチの次に大事なのは、お尻の筋肉を鍛えること。なぜ脚ではなくお尻？　と思うかもしれません。実は**脚が太いのはお尻の筋肉がすべき仕事を脚の筋肉がしている場合が多いからなのです。**もちろん脚を鍛えることは悪いことではありませんが、股関節がねじれたまま脚を鍛えるのは問題。使いやすい脚の筋肉ばかりを使って動いてしまうため、脚がますます太くなることも。そのため、脚を細くしたいなら、脚よりお尻を鍛えたほうが効果的です。

　本来、股関節はお尻の筋肉を使って動かします。ところが股関節がねじれるとお尻の筋肉では動かしづらくなり、代わりに脚の筋肉を使って股関節を動かそうとするのです。また、最近はリモートワークが増え、長時間の座り生活でお尻の筋肉が硬くなり、お尻の筋肉を使えない人が急増中。結果、**お尻の筋肉にサボりグセがつき、脚の筋肉が集中的に酷使されて脚は太くなるばかり。**脚の筋肉をムダに働かせないためには、股関節のねじれを正したうえでお尻の筋肉を目覚めさせる筋トレが必須です。

お尻は怠けグセ、脚は働きすぎに注意

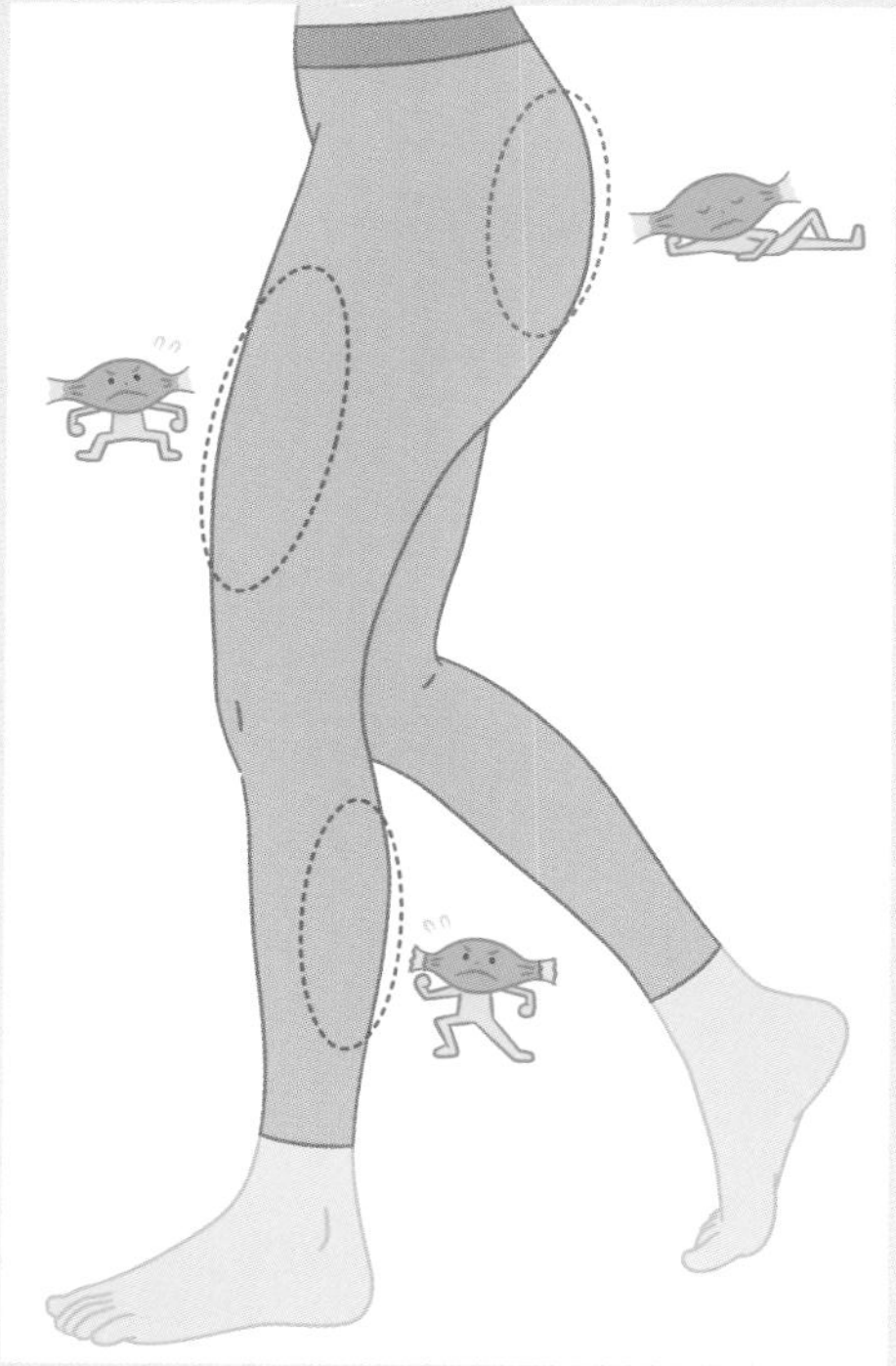

お尻の筋肉がサボっていると、脚の筋肉がお尻の筋肉の分まで働いて体を動かします。一生懸命働く脚の筋肉はどんどん大きくなり、その上に脂肪がついてますます脚が太くなるという結果に。

一日2分で効果が出る！

ストレッチと筋トレが一度にできる〝ぷり尻ランジ〟

股関節のねじれを正して、脚を細くするためには、股関節まわりのストレッチとお尻の筋トレが欠かせません。でも、「ストレッチも筋トレも続けるのは大変！」というズボラさんにはコレ。誰でも簡単に続けられるメソッドが〝ぷり尻ランジ〟です。

このエクササイズでアプローチするのは、股関節から脚の外側の筋肉とお尻の筋肉。まずお尻を横に突き出して脚を後ろに引くことで、股関節の外側をストレッチ。**張り出した太ももの外側をほぐしながら内旋した股関節を元の正しい位置に導きます。**

そして、脚を後ろから元の位置に戻すときにお尻の力で脚を戻すことで、サボりがちなお尻の筋肉を使います。簡単そうに見えますが、実際にやってみるとつい普段の体の使い方のクセで、重心が後ろにかかってしまったり、脚の力を使おうとしてしまうかもしれません。**まずは回数をこなすより、お尻の伸び具合やどこを使っているかを感じながら行いましょう。**

一度で2つの効果！

股関節まわりの筋肉の中でも一番硬くなりやすい、お尻の横から脚の外側の筋肉をストレッチ。脚を戻すときにお尻の筋肉を使うことでサボりがちなお尻の筋トレに。一度で2つの効果を得られます。

これだけでも
OK!

2分でできる“ぷり尻ランジ”

畳一畳分の広さがあれば
いつでもどこでも
気軽にできます。
ストレッチも筋トレも
お尻の筋肉を意識して、
ゆっくり行いましょう。

1 手をクロスして ひざを軽く曲げる

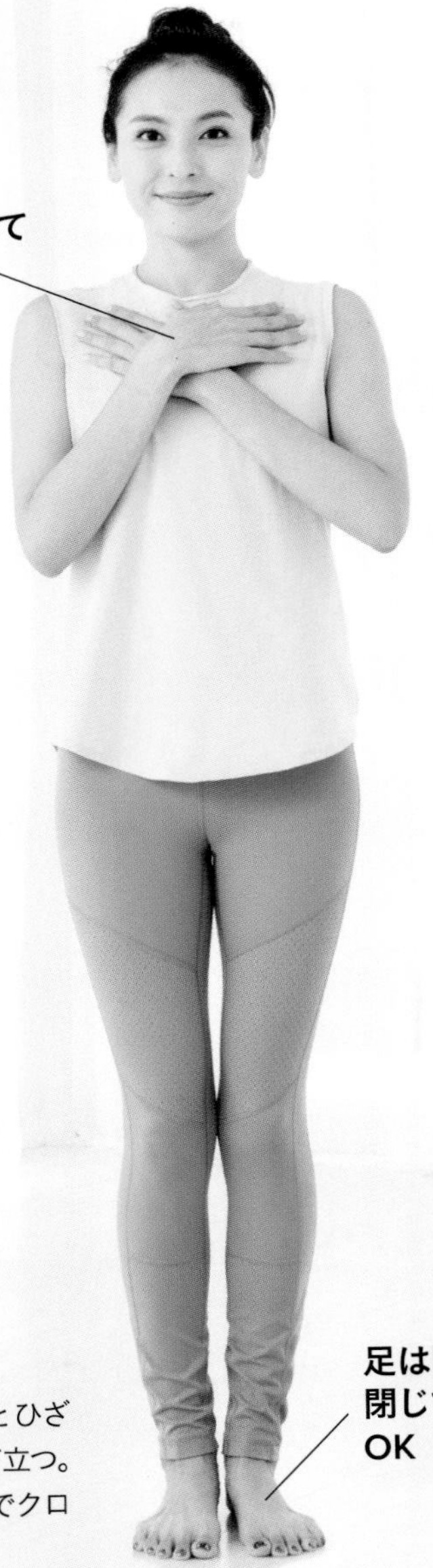

手をクロスして
胸の前に
足は開いても
閉じても
OK

足の人さし指とひざを正面に向けて立つ。両手を胸の前でクロスして準備。

動画はこちら
解説のみ
実演

2 お尻を横にスライドさせる

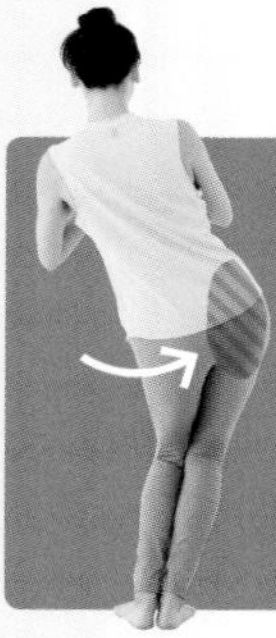

Point
お尻の奥が
伸びるのを
感じよう

お尻を横に
スライドして
ぷりっとさせる

横から見ると

お尻をぷりっと横に突き出す。上体は丸まらないように、背すじはまっすぐ。

3 反対側の脚を斜め後ろに引く

**※前の脚に体重がのせられない人は
1〜2のくり返しだけでもOK。**

NG
上体が後ろに
倒れている

Point
お尻の奥が伸びている状態をキープ

斜め後ろに
脚を引く
前の脚に
体重を
のせる
つま先だけ
床につく

Point 後ろの脚には体重をのせない

横から見ると

頭から
かかとまで
一直線

お尻を伸ばしたまま、横に出したお尻と反対の脚を斜め後ろに引く。体重は前の脚にのせる。

4 お尻の力で脚を元に戻す

左右
各10回

Point
**お尻の力で
脚を戻すことで
筋トレに**

前脚側のお尻の力を使って、脚を元の位置に戻す。1～4を10回くり返したら反対も同様に。

動きの質を高めて、しっかり効果を出すために……

動画を見ながらエクササイズ

本書で紹介しているすべてのエクササイズを森先生が解説・実演。各エクササイズのQRコードを読み込むだけで、動画で動きを確認することができます。家でも旅先でも、手軽に脚やせレッスンをスタート！

STEP 1

ページのQRコードをスマホやタブレットで読み込む

各エクササイズのタイトル近くにあるQRコードをスマホやタブレットで読み込むと、解説と実演の２つの動画が出てきます（解説と実演が1つになっているものもあります）。

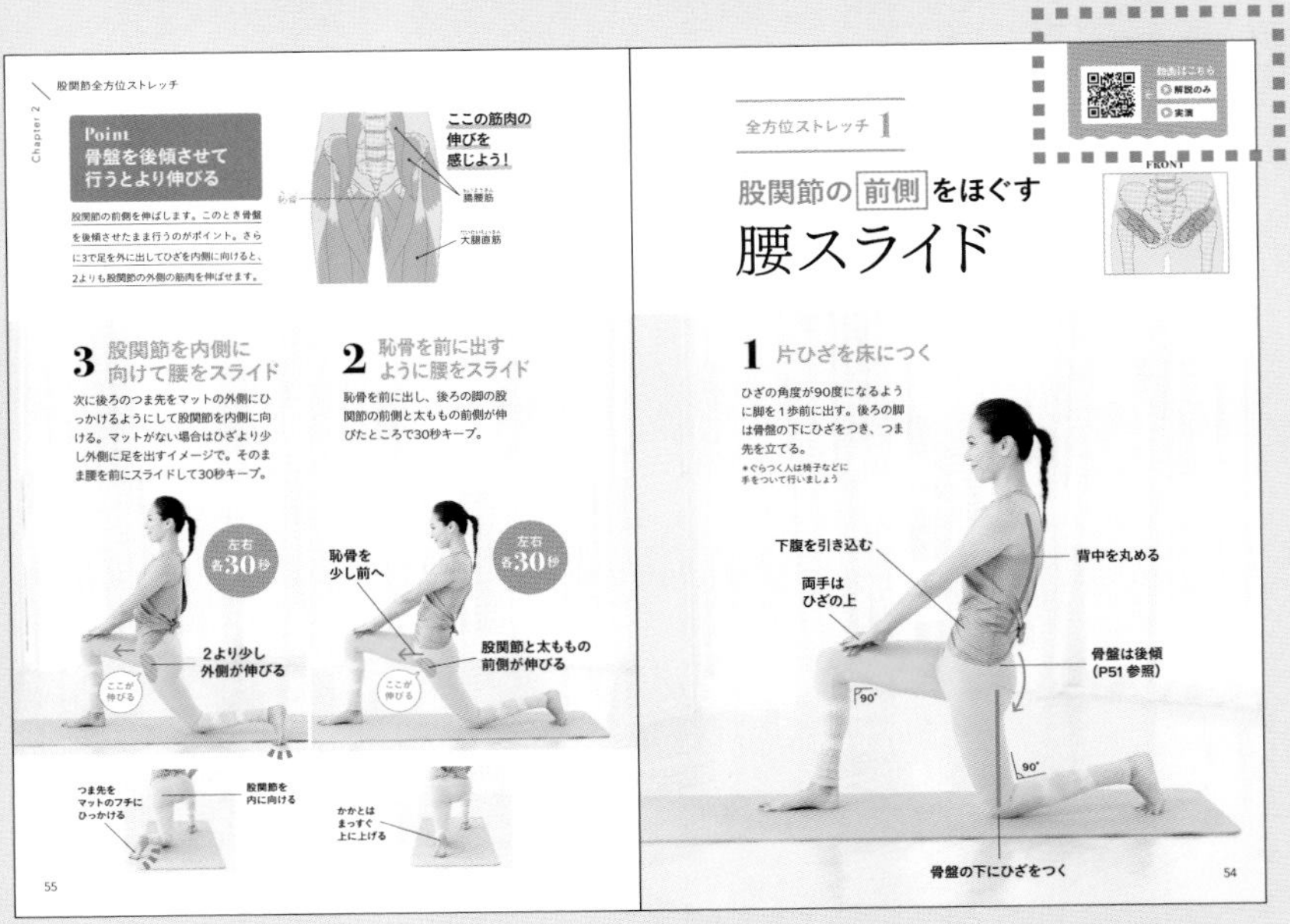

Chapter 2　股関節全方位ストレッチ

Point
骨盤を後傾させて行うとより伸びる

股関節の前側を伸ばします。このとき骨盤を後傾させたまま行うのがポイント。さらに3で足を外に出してひざを内側に向けると、2よりも股関節の外側の筋肉を伸ばせます。

3 股関節を内側に向けて腰をスライド

次に後ろのつま先をマットの外側にひっかけるようにして股関節を内側に向ける。マットがない場合はひざより少し外側に足を出すイメージで。そのまま腰を前にスライドして30秒キープ。

2 恥骨を前に出すように腰をスライド

恥骨を前に出し、後ろの脚の股関節の前側と太ももの前側が伸びたところで30秒キープ。

55

全方位ストレッチ 1

股関節の 前側 をほぐす
腰スライド

1 片ひざを床につく

ひざの角度が90度になるように脚を１歩前に出す。後ろの脚は骨盤の下にひざをつき、つま先を立てる。
＊ぐらつく人は椅子などに手をついて行いましょう

54

※QRコードは、株式会社デンソーウェーブの登録商標です。動画の再生には、別途通信料がかかります。動画は、予告なく内容を変更したり、終了する場合があります。

STEP 2

解説動画 or 実演動画、どちらかを選ぶ

やり方を詳しく知りたいとき｜解説動画

初めてエクササイズを行うときや、やり方がわからなくなったときには、解説動画をチェック。エクササイズのポイントや効果アップのコツを森先生が詳しく教えてくれます。

先生と一緒にエクササイズ！｜実演動画

やり方が頭に入ったら実演動画で先生と一緒にエクササイズ。本当のレッスンのように、森先生のカウントに合わせて左右行うことができます。自分一人で行うとスピードが速くなりがちですが、動きのスピードを動画に合わせることで、格段に効果が上がります。

▶ Chapter 2/3/4 を通しで行いたい方はこちらから

時間のある日は一気にエクササイズをしたい！という人はこちら。Chapter 2、3、4のエクササイズの実演動画をそれぞれ通しで見ることができます。右記のＱＲコードをスマホやタブレットで読み込むと各章の動画が出てくるので、見たい章を選択してください。

自分に必要なエクササイズを知るために

股関節のつまりCHECK 1

ひざ抱え

動画はこちら

解説のみ

股関節のつまりは、股関節がねじれてずれているサイン。ひざを引き寄せたときどの辺につまりを感じますか？

太ももをお腹まで近づけられますか？

両手でひざを抱え
胸に引き寄せる

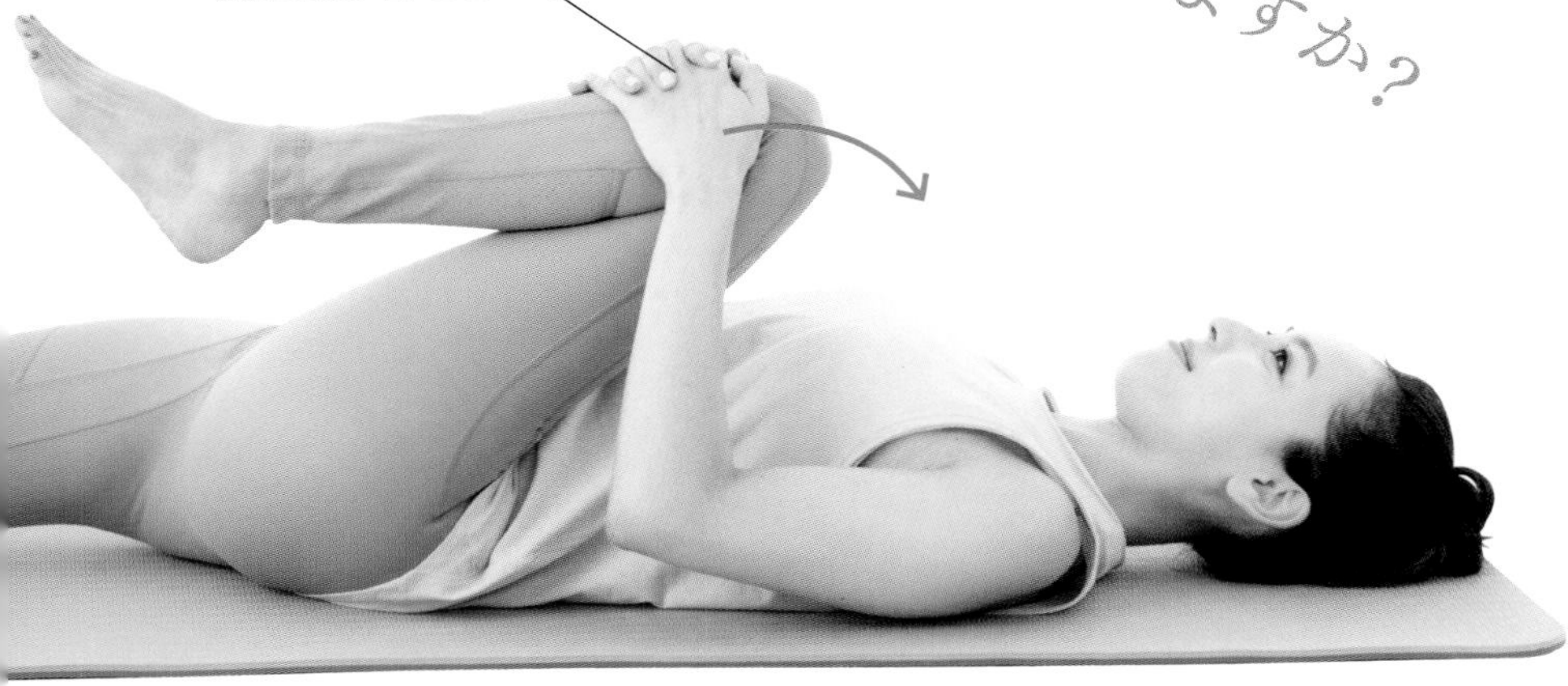

腰の位置をずらさずに引き寄せる

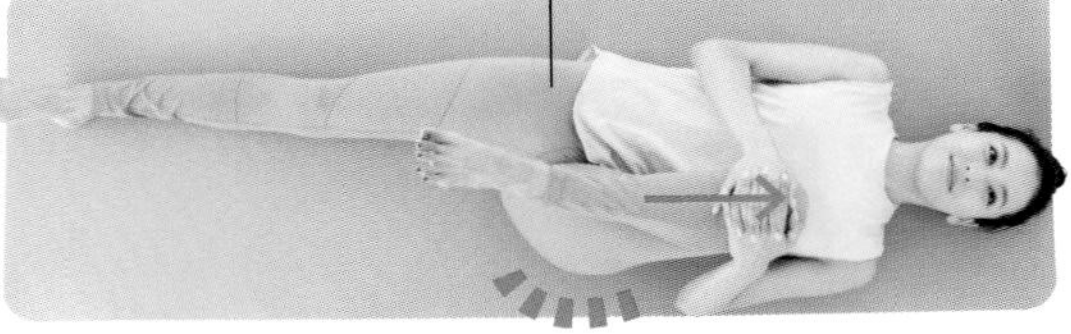

LEVEL 1

ひざをまっすぐ引き寄せる

股関節につまりは感じますか？

こんな人は股関節がつまっている！

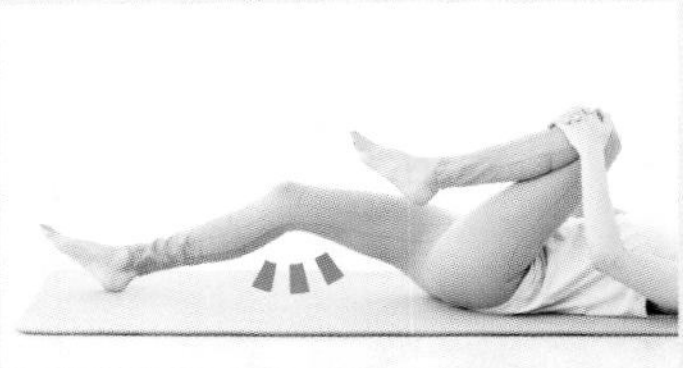

伸ばした脚のひざが浮いてしまう

無理やりひざを引き寄せようとすると反対のひざが浮いてしまう場合も、股関節がつまっています。腰の位置がずれるのもつまっている証拠です。

ひざを引き寄せられない

太ももをお腹に近づけられるのが理想。股関節の筋肉が圧迫されている感じがして、ひざを引き寄せられない場合は、股関節がつまっています。

左右の脚の
つまりの
違いも確認！

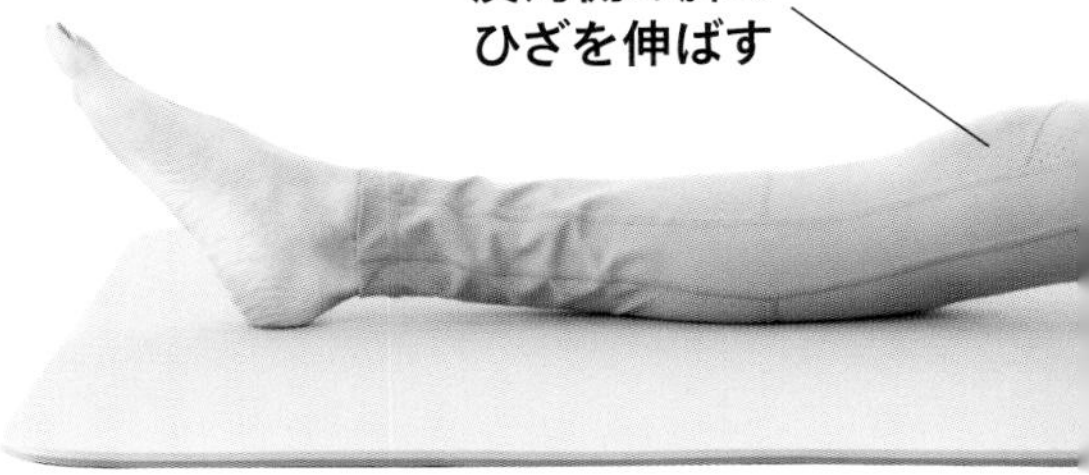
反対側の脚の
ひざを伸ばす

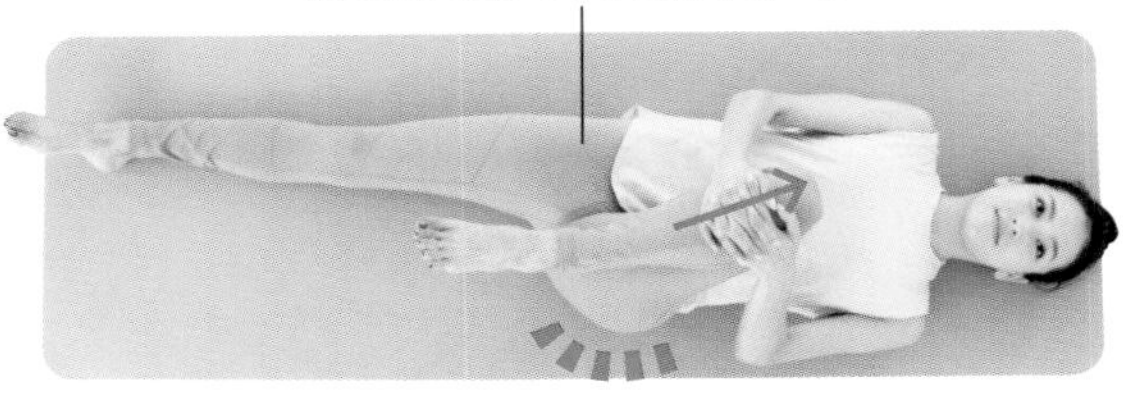
腰の位置をずらさずに引き寄せる

LEVEL 2

ひざを内側に引き寄せる

LEVEL 1でつまりを感じなくてもLEVEL 2で感じる人も

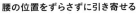

股関節のつまりCHECK2

足踏み

動画はこちら
↓

解説のみ

**片脚ずつ、太ももが床と平行になるまで上げてみましょう。
簡単そうな動きも股関節がつまっているとできません。**

腰が水平のまま
脚を上げられますか？

LEVEL 1

**片脚ずつ10回
上げてみる**

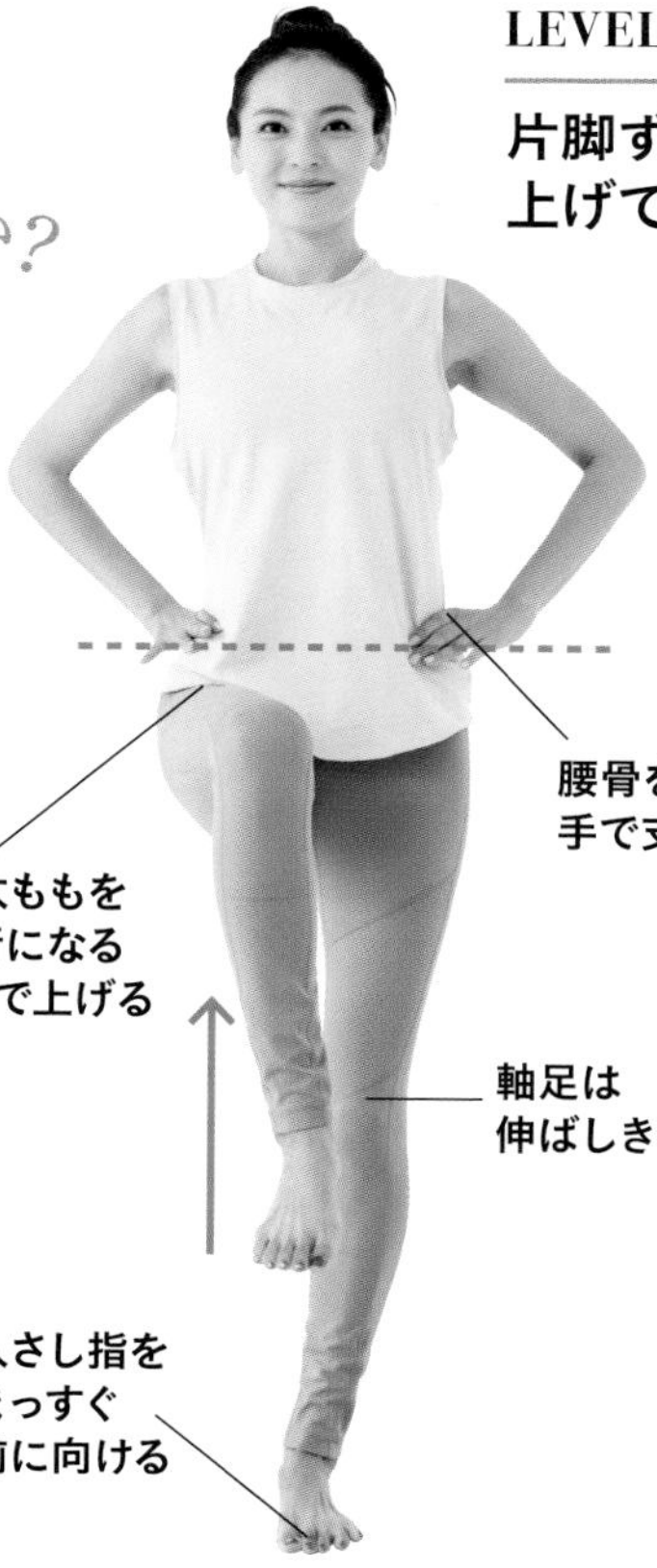

腰骨を
手で支える

片脚の太ももを
床と平行になる
くらいまで上げる

軸足は
伸ばしきらない

人さし指を
まっすぐ
前に向ける

LEVEL 2

**1の姿勢のまま
左右交互に10回
足踏みしてみる**

脚はスッとスムーズに上がりますか？

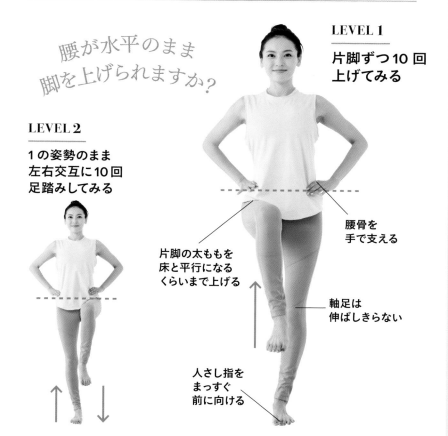

こんな人は股関節がつまっている！

体がグラグラする
前のめりになってしまう
腰がスライドしてしまう

股関節やお尻まわりの筋肉の力がないと、股関節からではなく脚だけで無理やり上げてしまい、重心が左右にずれ、左右の腰の位置を水平に保ったまま脚を上げられません。

Chapter

2

股関節全方位ストレッチ

脚の形を根本から変えて美脚に

脚を太くするのは股関節のねじれ。
股関節を囲うように
あらゆる方向から
ストレッチすることで
股関節を正しい
ポジションにリセット。

美脚は一日にしてならず。
でも……
2週間続ければ
必ず変化は目に見えます。

← このChapterの
実演動画を通しで見る

太い部分にだけアプローチしても細くならない

股関節全方位ストレッチでさらに脚やせできる理由

前章でも述べたように、脚が太いと悩む人のほとんどは、股関節が内回しにねじれてずれ、脚の骨が外側や前側に張り出しています。この「股関節のねじれ」こそ、脚が太くなる大きな原因。脚を細くするには、このねじれをとり、股関節を正しいポジションにキープさせることが不可欠です。股関節はその自由な動きを可能にするために、あらゆる方向にたくさんの筋肉で覆われています。**この筋肉がバランスよく働いていれば、股関節は正しいポジションを維持することができるのです。**そのためにストレッチが必要なわけですが、ある筋肉の張りがとれても、ほかの筋肉が硬ければ股関節はまたねじれてきます。そこで「股関節全方位ストレッチ」の出番。**股関節を引っ張る筋肉をあらゆる方向からストレッチして、股関節を正しい位置にキープ。**そうなれば、股関節の可動域が広がって脚が自由に動くようになり、横張りのないまっすぐな美脚に！ 本章で紹介する**5つのストレッチで股関節に全方位からアプローチ**すれば、2週間で脚の形が変わるのを実感できます。

5つのストレッチで全方位にアプローチ

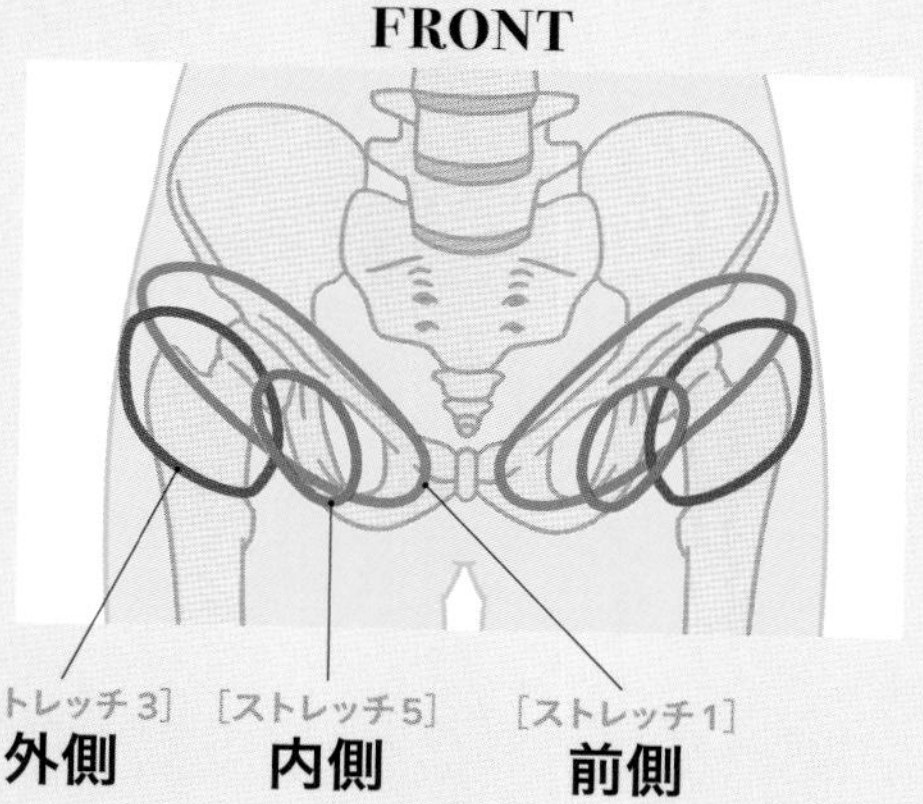
FRONT
［ストレッチ3］
外側
［ストレッチ5］
内側
［ストレッチ1］
前側

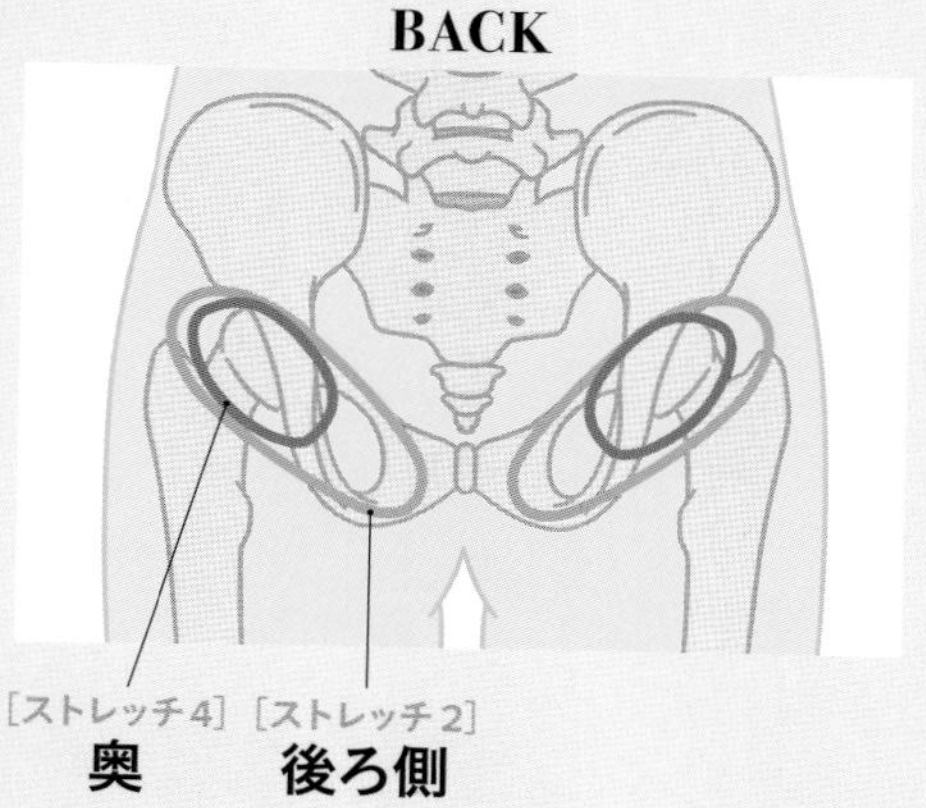
BACK
［ストレッチ4］
奥
［ストレッチ2］
後ろ側

骨盤の動きをスムーズにする

骨盤体操

動画はこちら

解説のみ

実演

ストレッチでは骨盤を前傾や後傾にセットすることで効果を高められます。その練習からスタート。

1 椅子に浅く座る

椅子に浅めに座り、座骨をまっすぐに立て、脚を腰幅くらいに開く。両手で骨盤を支える。

Point
肋骨の位置はなるべく動かさず、頭の位置は1〜3まで同じ

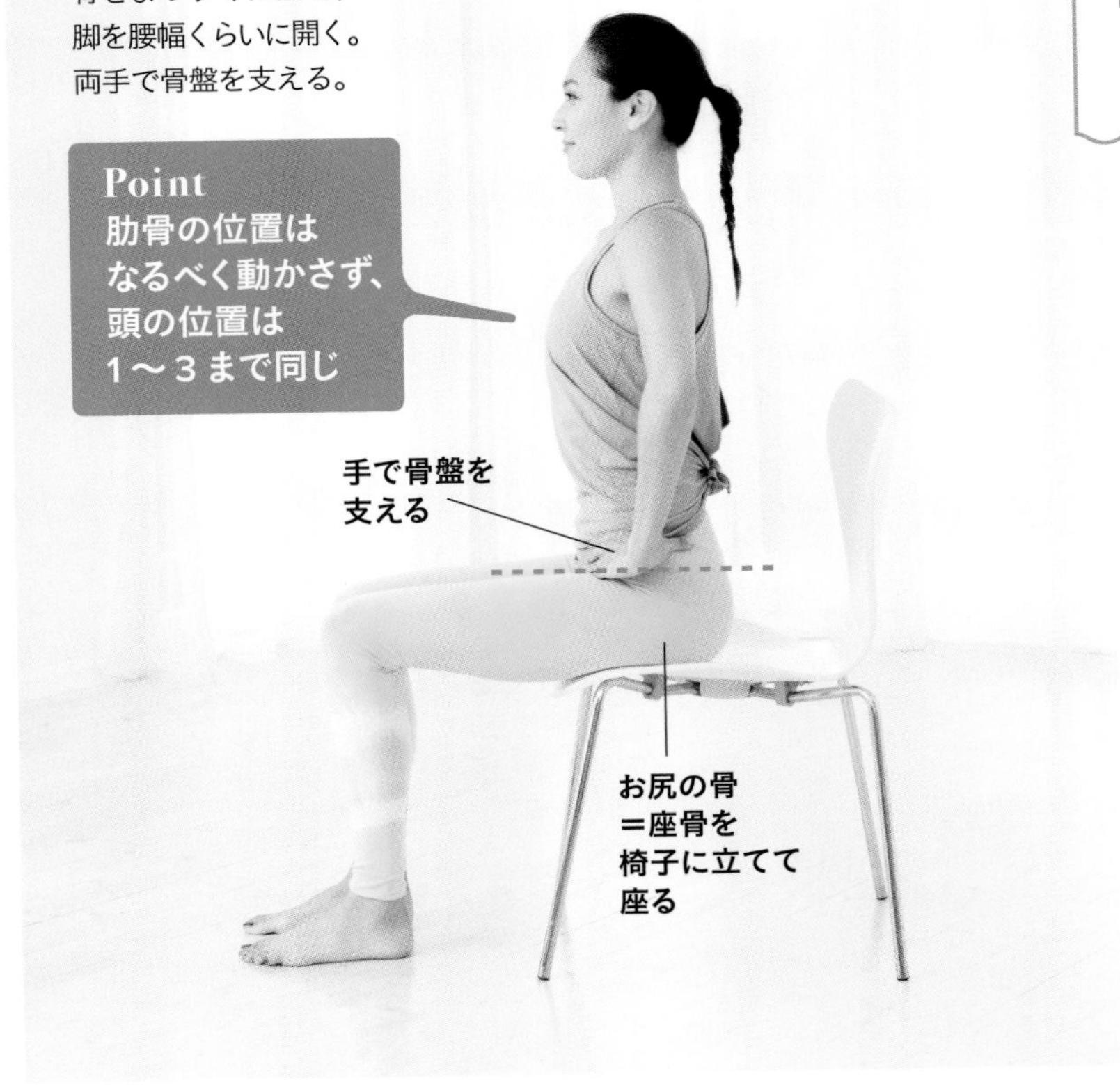
手で骨盤を支える
お尻の骨＝座骨を椅子に立てて座る

2 骨盤を前に倒す（前傾する）

骨盤を手で支えながら、腰を反らせて座骨を前に傾けて、骨盤を前傾させる。

腰を反る
座骨を
前に倒す

Point
骨盤を動かすのはイメージしづらいので、座骨に注目。座骨を「前に倒す」と前傾に、「後ろに倒す」と後傾に。このイメージで行うと上手に前傾後傾ができる。

10往復 ↕

3 骨盤を後ろに倒す（後傾する）

次に少し腰を丸めるように座骨を後ろに傾けて、骨盤を後傾。2～3を10往復行う。

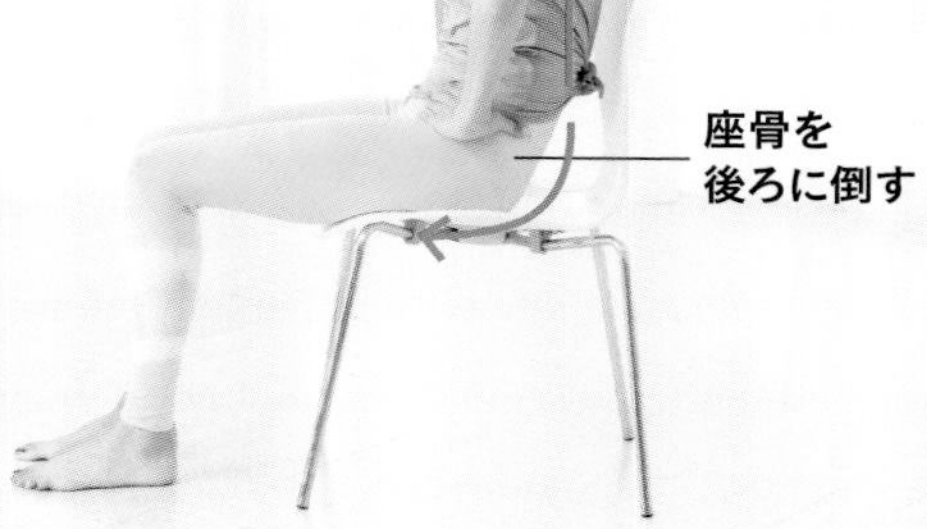
背中はなるべく
丸めない
座骨を
後ろに倒す

硬くなりやすい筋肉をゆるめる

ももほぐし

動画はこちら ↓

解説のみ

ストレッチの効果を上げるため、特に硬くなりやすい太ももの外側と前もものつけ根をほぐしましょう。

1 ｜外もも｜ももの張り出しをほぐす

ほぐすのはひざの横のくぼみから、お尻の横にある出っ張った骨＝大転《だいてん》子《し》のところまで。指の第一関節を外ももの筋肉にひっかけ、筋肉を下から上に持ち上げるよう30秒ほぐす。

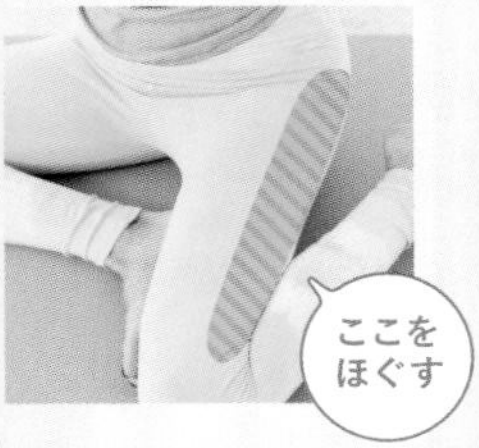
ここをほぐす

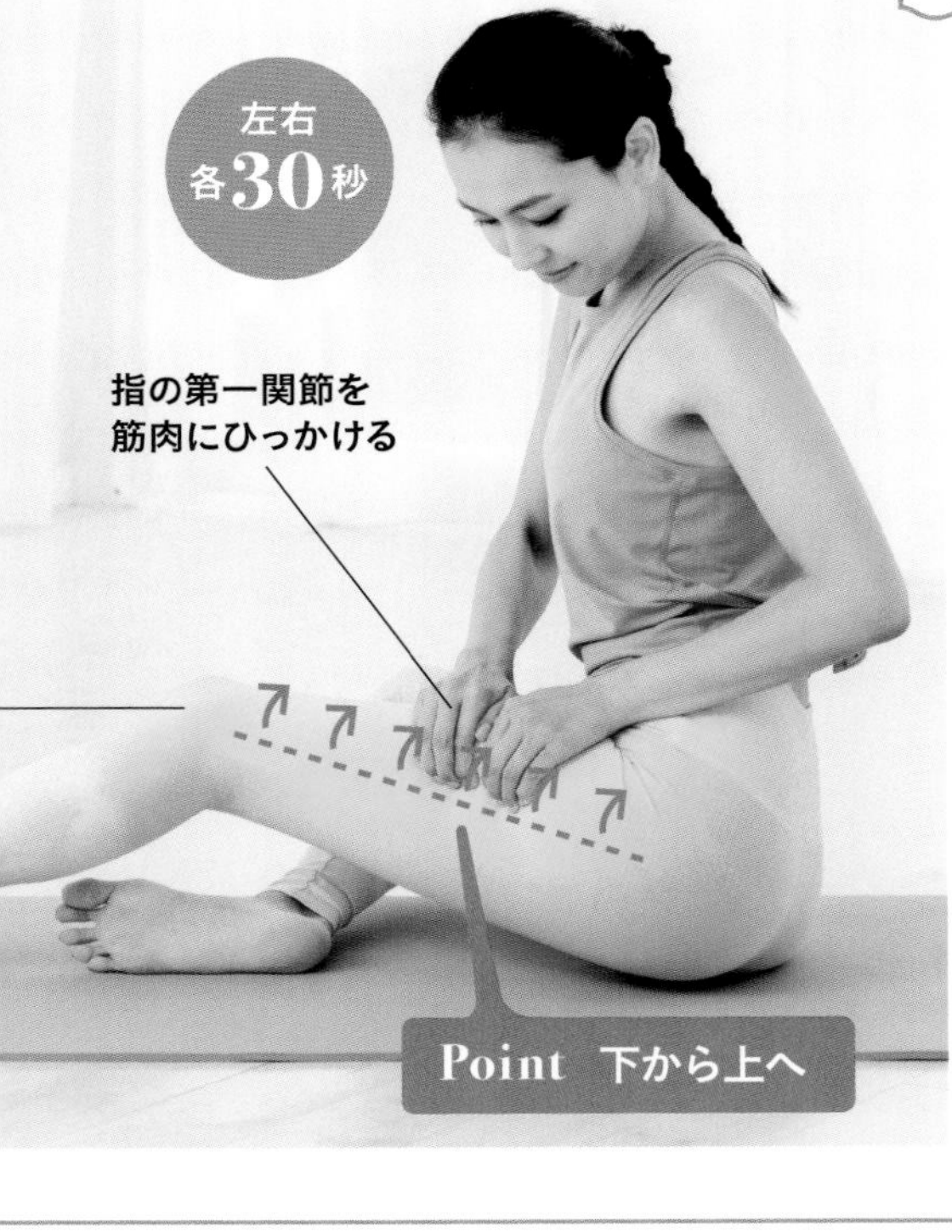
左右各30秒
指の第一関節を筋肉にひっかける
ひざは軽く曲げる
Point 下から上へ

硬いところは
念入りに
ほぐしましょう

2 | 前もも | 内から外に向かってほぐす

太もものつけ根の真ん中から大転子までをほぐす。親指を太もものつけ根の筋肉にひっかけ、内から外に向かって指を動かしながら前もものつけ根を30秒ほぐす。

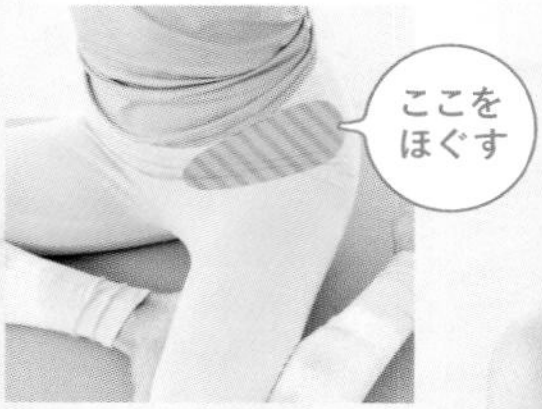
ここを
ほぐす

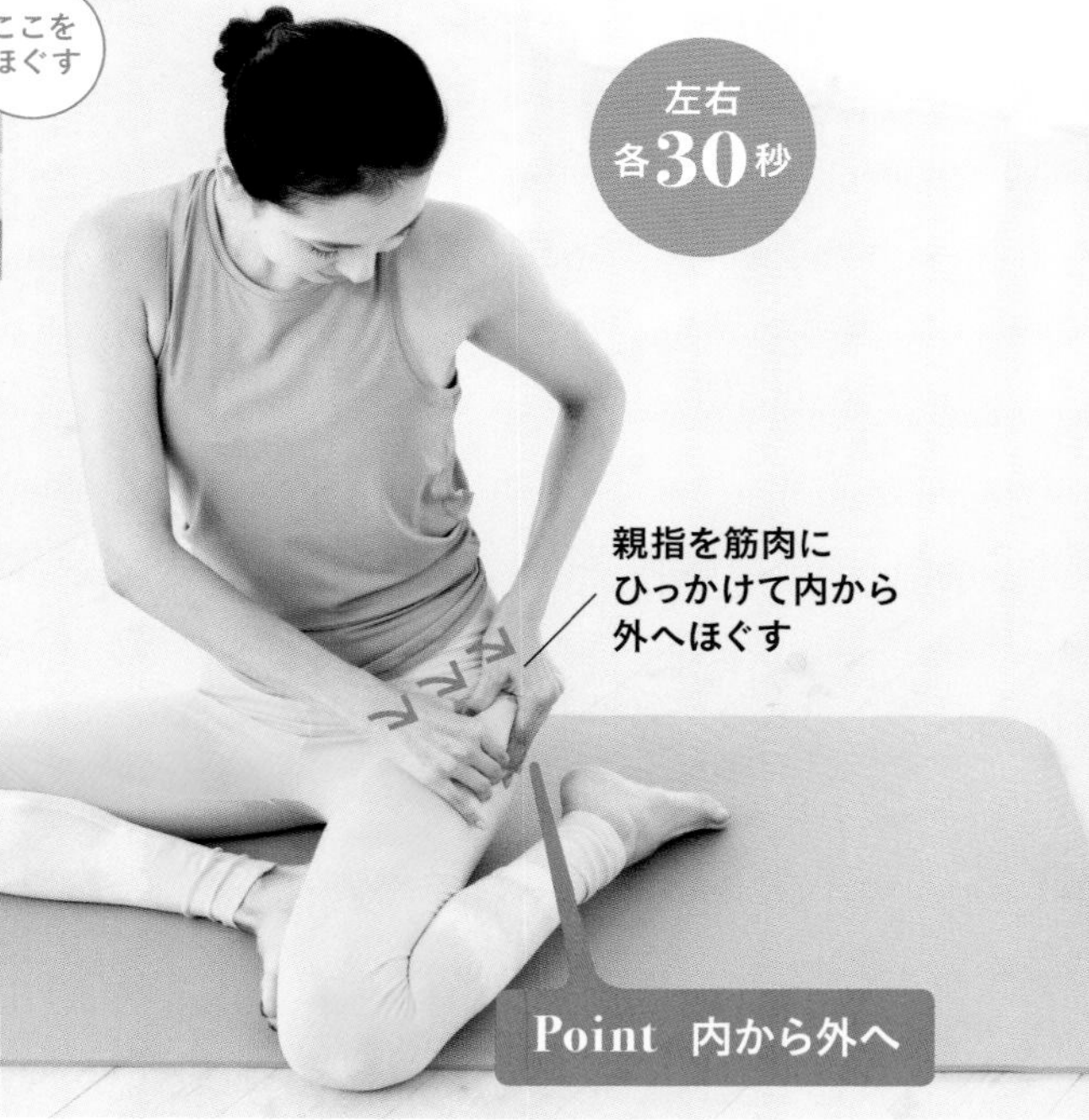
左右
各30秒
親指を筋肉に
ひっかけて内から
外へほぐす
Point 内から外へ

動画はこちら
解説のみ
実演

全方位ストレッチ 1

FRONT

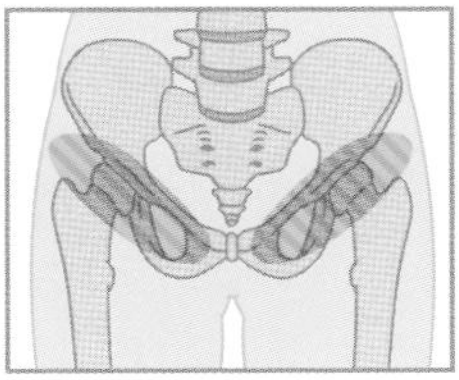

股関節の前側をほぐす
腰スライド

1 片ひざを床につく

ひざの角度が90度になるように脚を１歩前に出す。後ろの脚は骨盤の下にひざをつき、つま先を立てる。

＊ぐらつく人は椅子などに手をついて行いましょう

下腹を引き込む
背中を丸める
両手は
ひざの上
骨盤は後傾
（P51 参照）
90°
90°
骨盤の下にひざをつく

Point
骨盤を後傾させて行うとより伸びる

股関節の前側を伸ばします。このとき骨盤を後傾させたまま行うのがポイント。さらに3で足を外に出してひざを内側に向けると、2よりも股関節の外側の筋肉を伸ばせます。

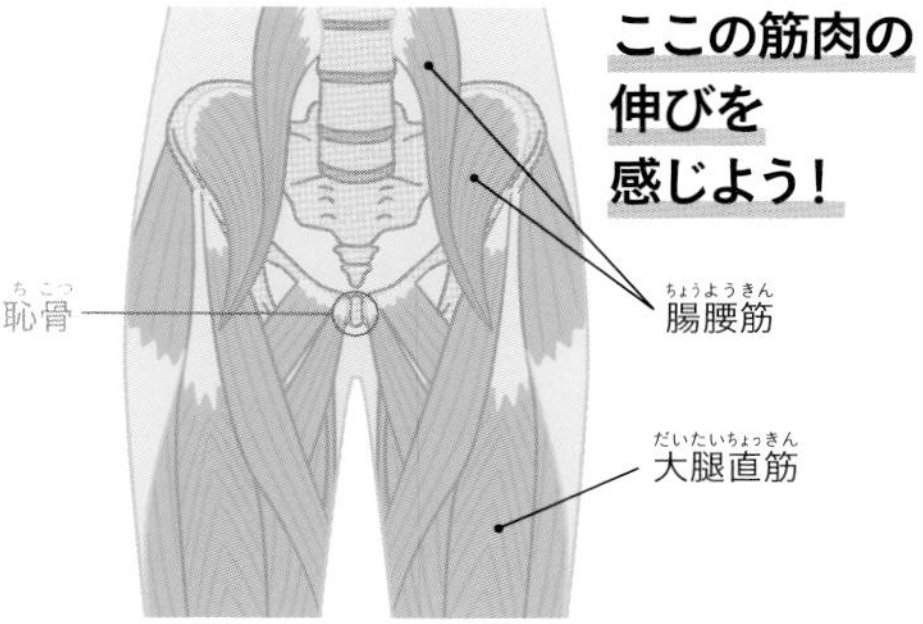
ここの筋肉の
伸びを
感じよう！
恥骨《ちこつ》
腸腰筋《ちょうようきん》
大腿直筋《だいたいちょっきん》

2 恥骨を前に出すように腰をスライド

恥骨を前に出し、後ろの脚の股関節の前側と太ももの前側が伸びたところで30秒キープ。

左右
各30秒
恥骨を
少し前へ
股関節と太ももの
前側が伸びる
ここが
伸びる

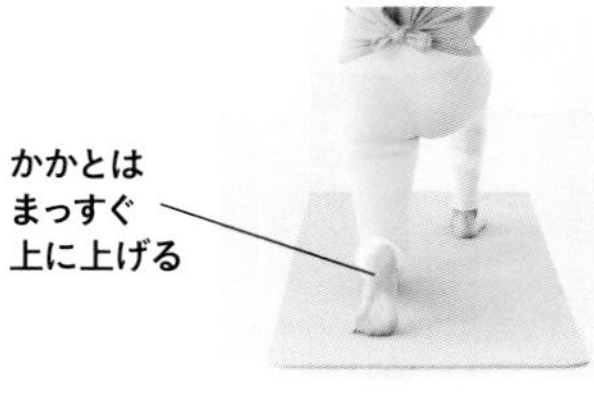
かかとは
まっすぐ
上に上げる

3 股関節を内側に向けて腰をスライド

次に後ろのつま先をマットの外側にひっかけるようにして股関節を内側に向ける。マットがない場合はひざより少し外側に足を出すイメージで。そのまま腰を前にスライドして30秒キープ。

左右
各30秒
2より少し
外側が伸びる
ここが
伸びる

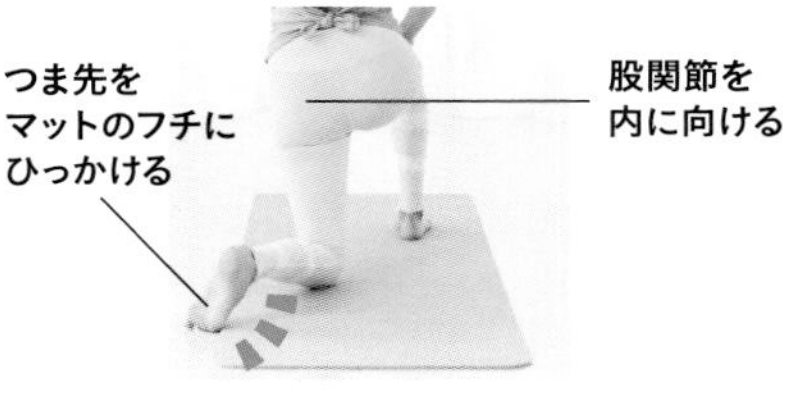
つま先を
マットのフチに
ひっかける
股関節を
内に向ける

動画はこちら

解説のみ

実演

壁を使って行う

全方位ストレッチ 2

股関節の 後ろ側 をほぐす おじぎストレッチ

BACK

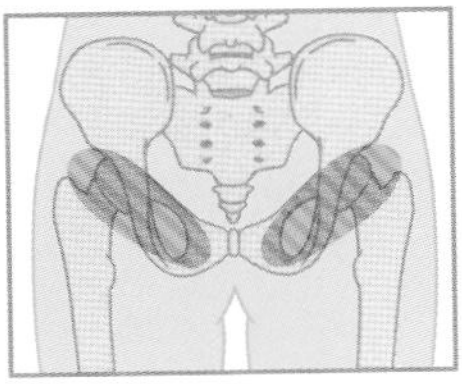

1 ひざを軽く曲げて、両手は太ももの上へ

こぶし1個分足を開いて立ち、両手は太ももの上へ添える。ひざを軽く曲げ、腰を反らせお尻を突き出す。

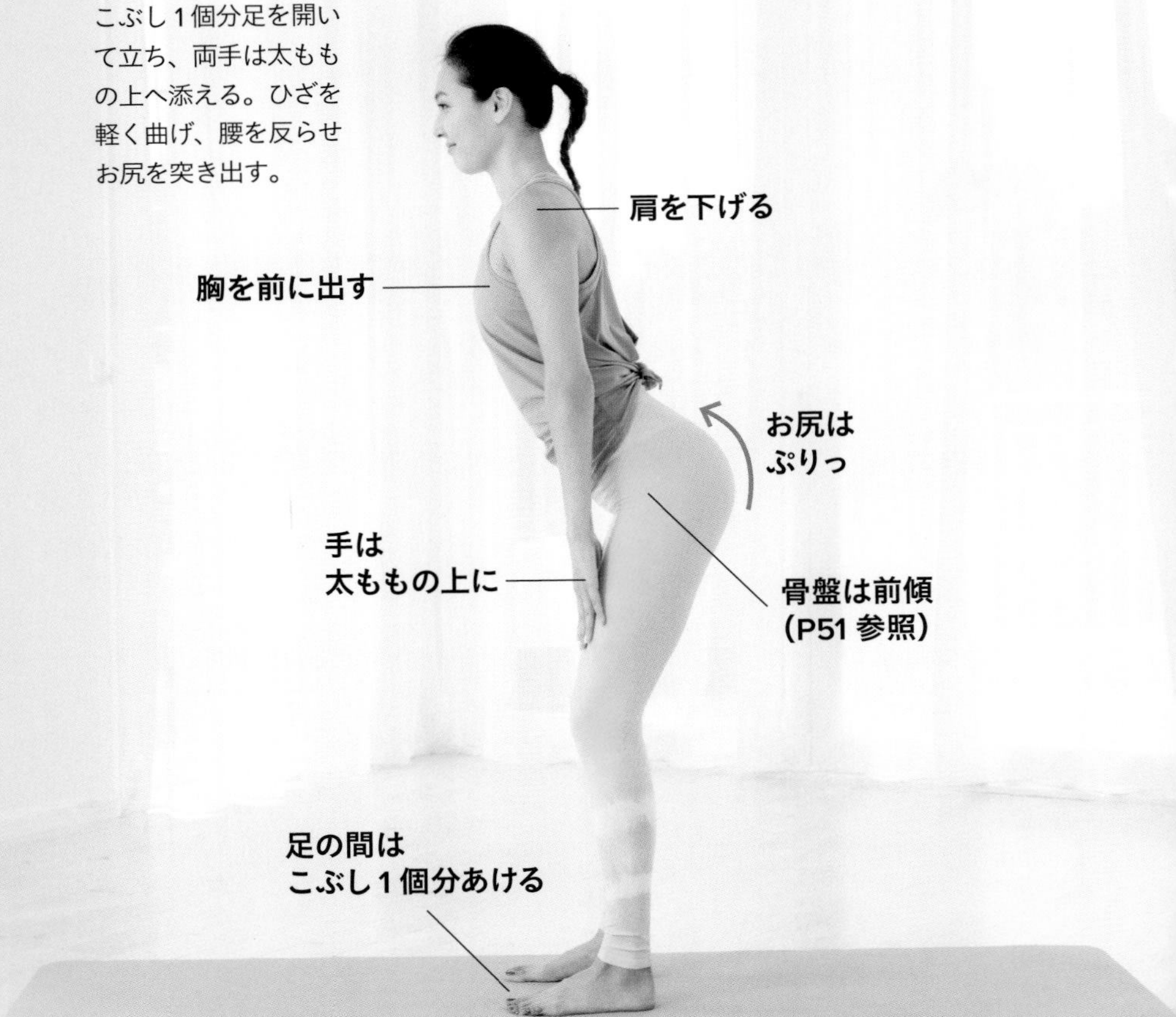
肩を下げる
胸を前に出す
お尻は
ぷりっ
手は
太ももの上に
骨盤は前傾
（P51 参照）
足の間は
こぶし1個分あける

壁を使ってもOK

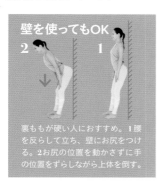

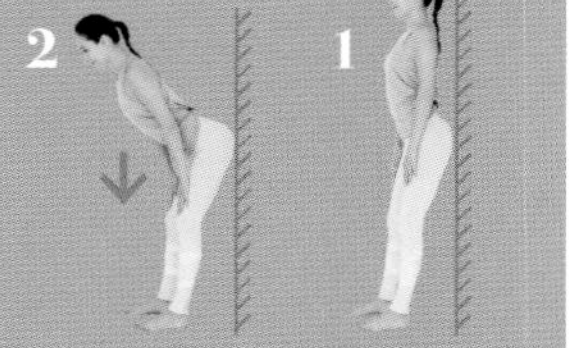
2
1

裏ももが硬い人におすすめ。**1**腰を反らして立ち、壁にお尻をつける。**2**お尻の位置を動かさずに手の位置をずらしながら上体を倒す。

Point
上体は無理に倒さない

裏ももが硬いと股関節の後ろ側も硬くなり動きが悪くなります。裏ももをほぐすストレッチは、上体を無理に倒さずに、お尻を突き出すのがコツ。

ここの筋肉の伸びを感じよう！

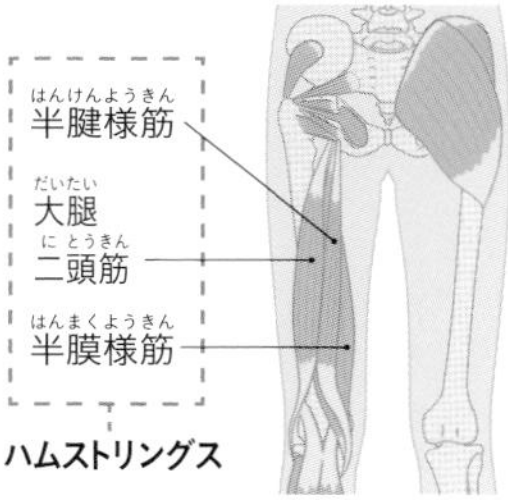
半腱様筋《はんけんようきん》
大腿《だいたい》二頭筋《にとうきん》
半膜様筋《はんまくようきん》
ハムストリングス

2 おじぎをするように上体を倒す

手を太ももの上からひざ下に滑らせ、お尻を突き出しながらゆっくりと上体を倒す。10回行う。

10回

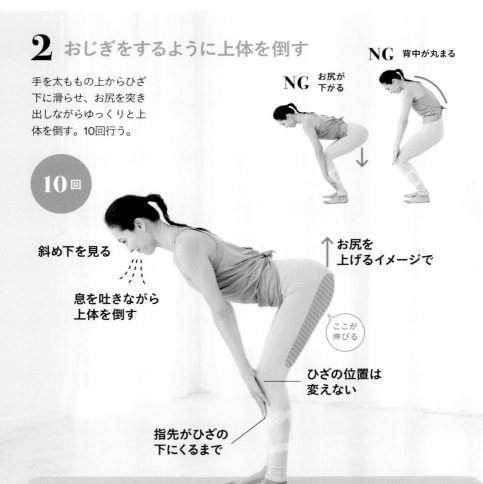

NG お尻が下がる
NG 背中が丸まる

斜め下を見る
息を吐きながら上体を倒す
お尻を上げるイメージで
ここが伸びる
ひざの位置は変えない
指先がひざの下にくるまで

動画はこちら
解説のみ
実演

全方位ストレッチ 3

股関節の外側をほぐす
脚横伸ばし

FRONT

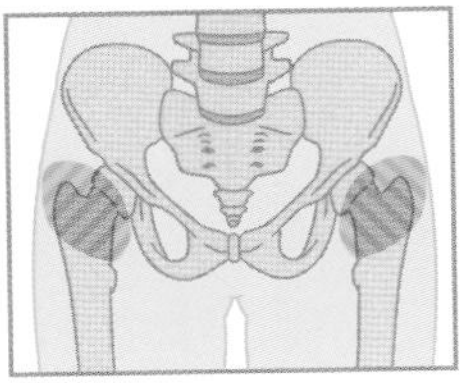

両手は胸の前で
クロス
足の間は
こぶし1個分あける

1 両手を胸の前でクロスして立つ

こぶし1個分足を開いて立ち、両手は胸の前でクロスする。

Point
骨盤だけを横にスライドするイメージで

硬い人が多い股関節の外側を意識してストレッチ。上体を横に倒しすぎると伸ばしたい股関節の外側ではなく、わき腹が伸びてしまいます。体を倒しすぎないように注意して。

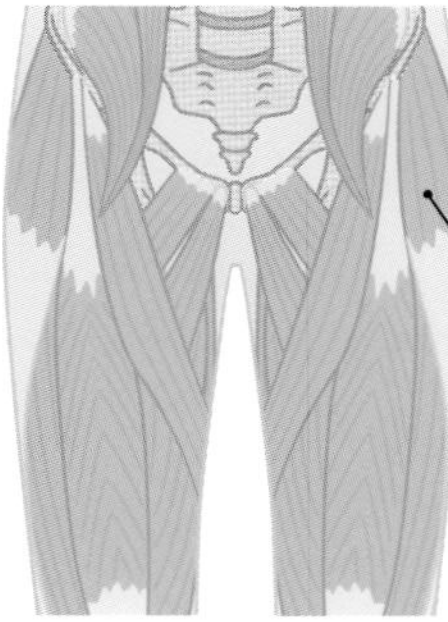
ここの筋肉の伸びを感じよう！
大腿筋膜張筋《だいたいきんまくちょうきん》

2 股関節の外側を伸ばす

軸足のひざを軽く曲げ、反対の脚を斜め後ろに引きながら、骨盤を横にスライドするイメージで、後ろの脚の股関節の外側を伸ばして30秒キープ。

NG 上体を倒しすぎる

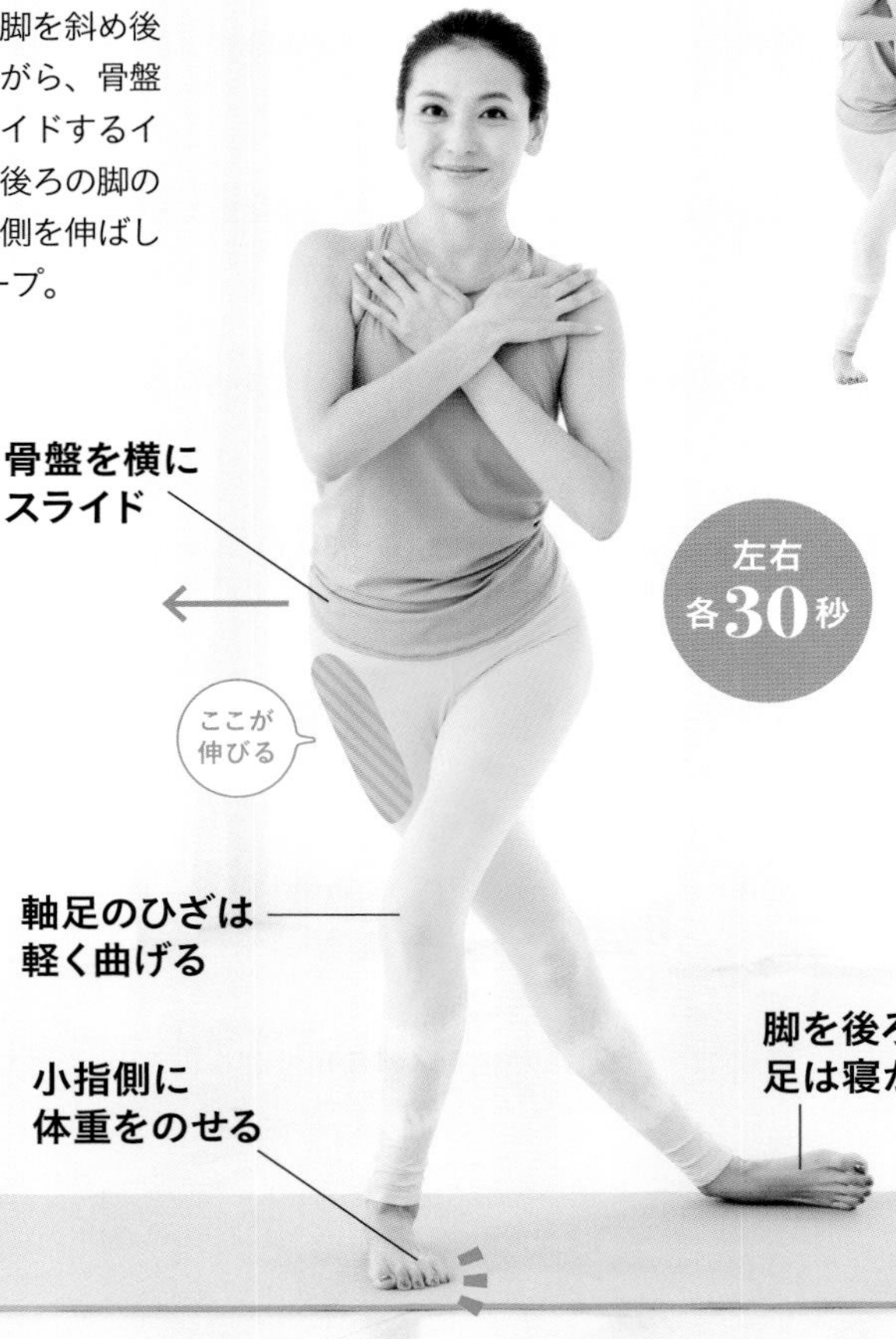
骨盤を横にスライド
左右各30秒
ここが伸びる
軸足のひざは軽く曲げる
脚を後ろに引き、足は寝かせる
小指側に体重をのせる

動画はこちら
解説のみ
実演

全方位ストレッチ 4

股関節の奥をほぐす お尻伸ばし

BACK

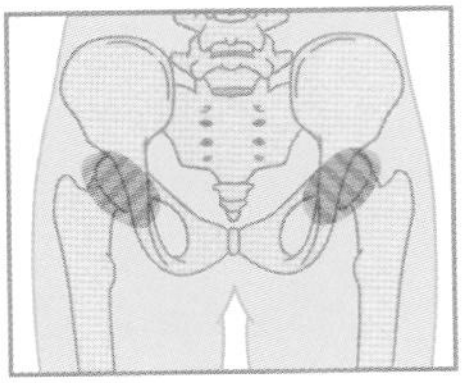

1 足首を反対のひざの上にのせる

椅子に浅く座り、片方の足首を反対のひざの上にのせる。足の甲をつかみ、反対の手はひざの上へ。

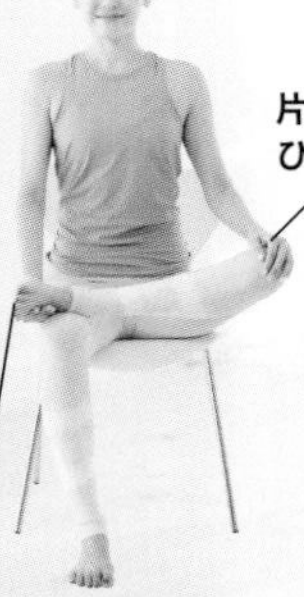

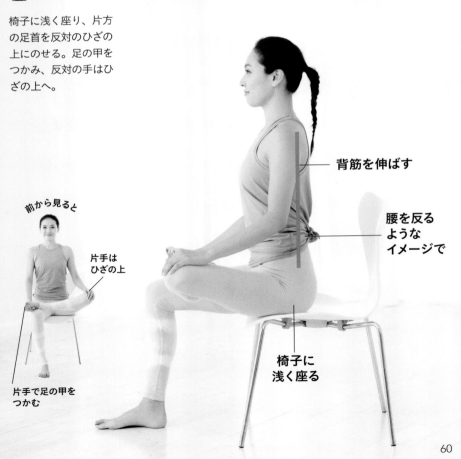

床に座ってもできる！

2
1

椅子がない場合は、床に座って行って。1両手を後ろにつき、両ひざを立て、足首を反対の太ももの上にのせる。2お腹を太ももに近づけてお尻が伸びたら30秒キープ。

Point 股関節の前側が伸びる場合も

股関節の前側や外側が硬いと、お尻よりも股関節の前側が伸びるのを感じます。股関節がゆるんでくればお尻が伸びるのを感じられるように。

ここの筋肉の伸びを感じよう！

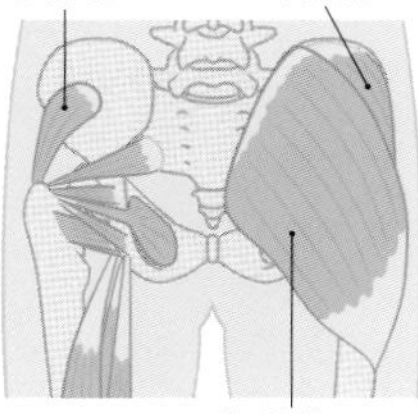
小臀筋《しょうでんきん》
中臀筋《ちゅうでんきん》
大臀筋《だいでんきん》

2 お腹を太ももに近づける

背筋は伸ばしたままひざを押し下げ足の甲を上げながら、胸を前に出すようなイメージでお腹と太ももを近づけて、お尻が伸びたところで30秒キープ。

NG 背中が丸まる

胸を前に出すようなイメージで
背筋は伸ばしたまま
左右各30秒
ここが伸びる
お腹と太ももを近づけるように
骨盤は前傾（P51参照）

前から見ると

ひざは下へ
足の甲は上へ

動画はこちら

解説のみ

実演

全方位ストレッチ 5

股関節の内側をほぐす
お尻落とし

FRONT

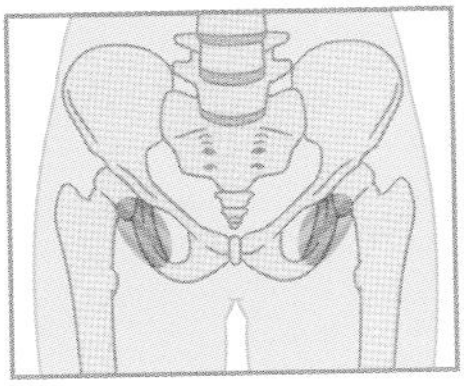

1 よつんばいになりひざを開く

よつんばいになり、ひざを肩幅より広めに開き、つま先を立てる。骨盤を前傾させる。

前から見ると

腰を反る
お尻は
ぷりっ
骨盤は前傾
(P51 参照)
両手は肩幅に開く

Point
骨盤を前傾させたまま お尻を落とすのがコツ

股関節が内旋している人は内側の筋肉が硬くなっています。お尻をかかとに近づけていくときに背中が丸まりがちなので注意。それを避けるために、お尻はぷりっとさせて骨盤の前傾をキープしたまま行いましょう。

ここの筋肉の伸びを感じよう!

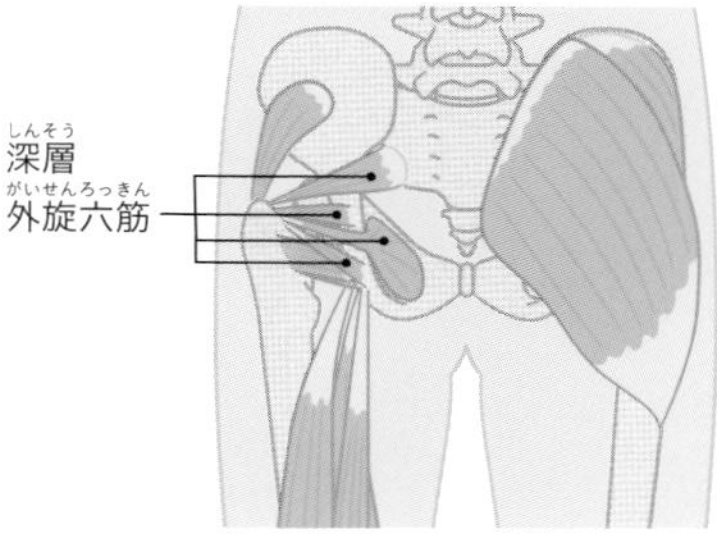
深層《しんそう》
外旋六筋《がいせんろっきん》

2 手で床を押してお尻を落とす

腰を反らせた状態をキープしながら、手で床を押して、背中が丸まらないようにお尻を落とす。1〜2を10往復行う。

NG 背中が丸くなるのはダメ

上半身は1のまま
お尻に引っ張られる
イメージ
お尻は
後ろに下げる
10往復
前傾を
キープ
手で床を押す

Chapter

3

ふくらはぎがスッキリ細くなる

ひざ下まっすぐストレッチ

股関節とひざ関節は連動しています。
だから、股関節がねじれていれば、
当然、ひざもねじれているということ。
ひざ下O脚、ふくらはぎの張り、ずんどう足首……
すべて**ひざのねじれが原因**です。

ねじれをとって、ひざ下をまっすぐ、そして**美しく**！

← このChapterの
実演動画を通しで見る

ひざ上がたるみ、ふくらはぎが太い人必見

ひざのねじれがひざまわりやひざ下を太くする

実は股関節のねじれと連動しているのがひざのねじれ。そのため、脚をより細く美しく見せるためには、股関節のストレッチとひざのストレッチを併せて行うのが効果的です。

特に「ひざ下が太い」「ひざ下O脚かも」と悩んでいたら、ひざがねじれている可能性大。このタイプは太ももの骨が股関節から内側にねじれ、すねの骨は外側にねじれてずれてふくらはぎの外側が張り出しているため、ひざ下が太く見えます。このひざのねじれを放っておいたまま走ったり、歩いたり、運動をすると、脚に余計な負荷がかかってしまうため、せっかくエクササイズをしても、ししゃも脚になるなど、脚がたくましくなってしまうことも。

また、ひざは左右だけでなく前後にねじれてずれることもあります。ひざ上に脂肪がたまっているのがこのタイプ。太ももとすねの骨が前後にずれると、前ももの筋肉が張り出し、ずれたひざ上に脂肪がたっぷりとたまります。

理想の美脚にはひざの左右、前後のねじれをとることが重要なのです。

ひざのねじれで脚が太くなる仕組み

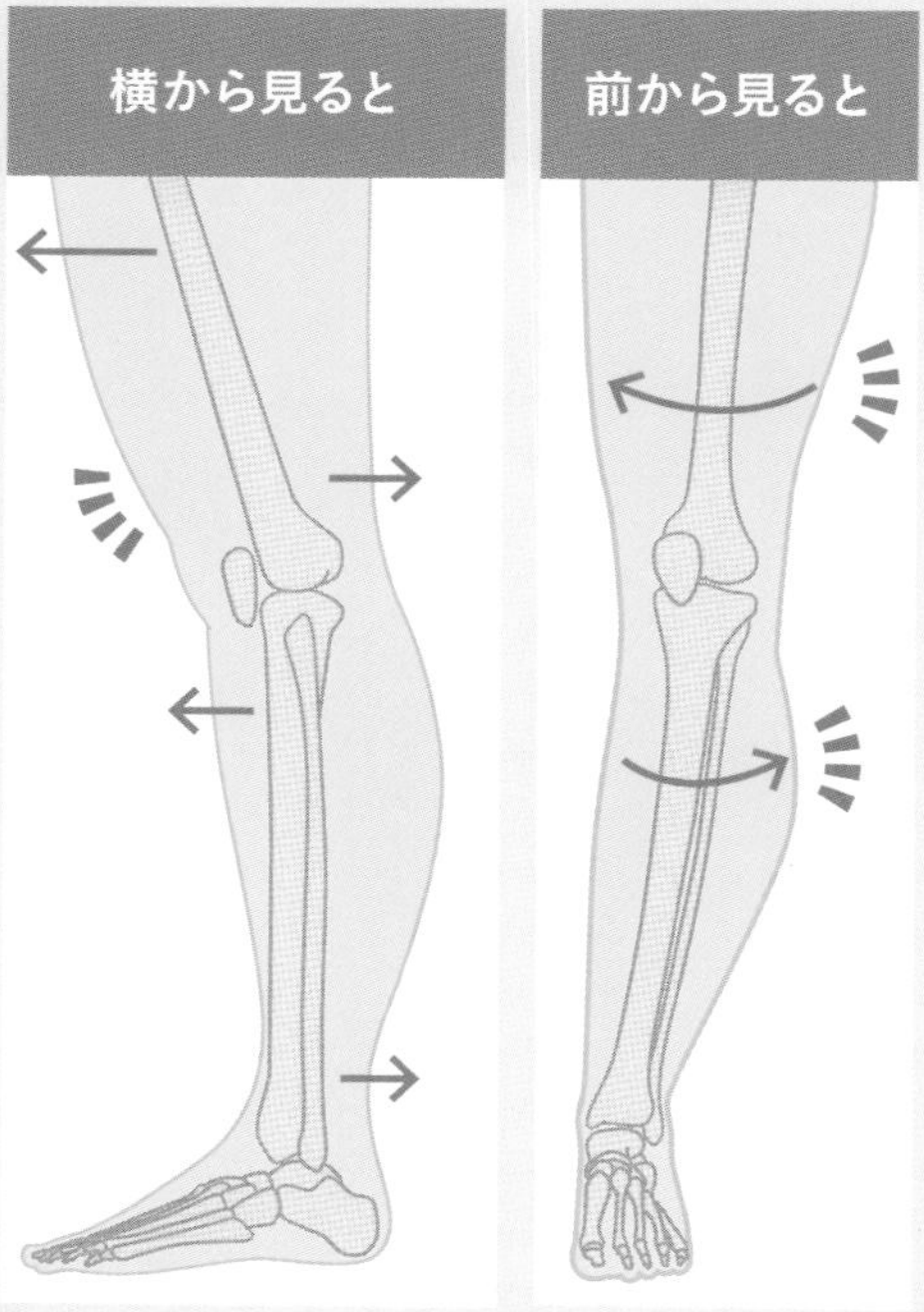

太ももの骨が内向きにねじれると、すねの骨は外向きにねじれ、太ももとふくらはぎの外側が張り出して脚が太くなります。また、太ももとすねの骨が前後にずれると、ひざ上に脂肪がたっぷりついて、どっしりたくましい太脚に。

ひざのねじれ CHECK

ひざ曲げ

動画はこちら

ひざをまっすぐ曲げられているかをチェック。
こんな簡単な動きもひざがねじれていると上手くできません。

解説のみ

ひざのお皿を正面にして ひざを曲げられますか？

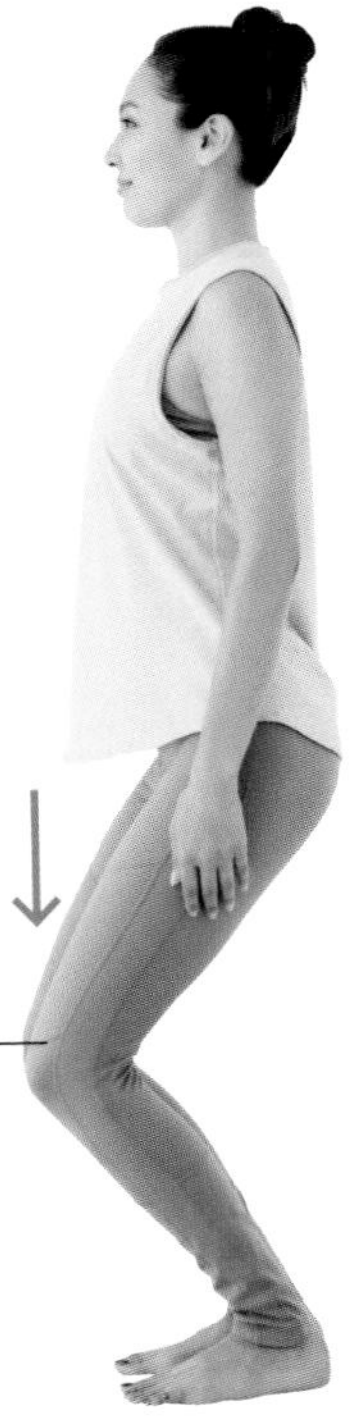

ひざを
ゆっくり
曲げる

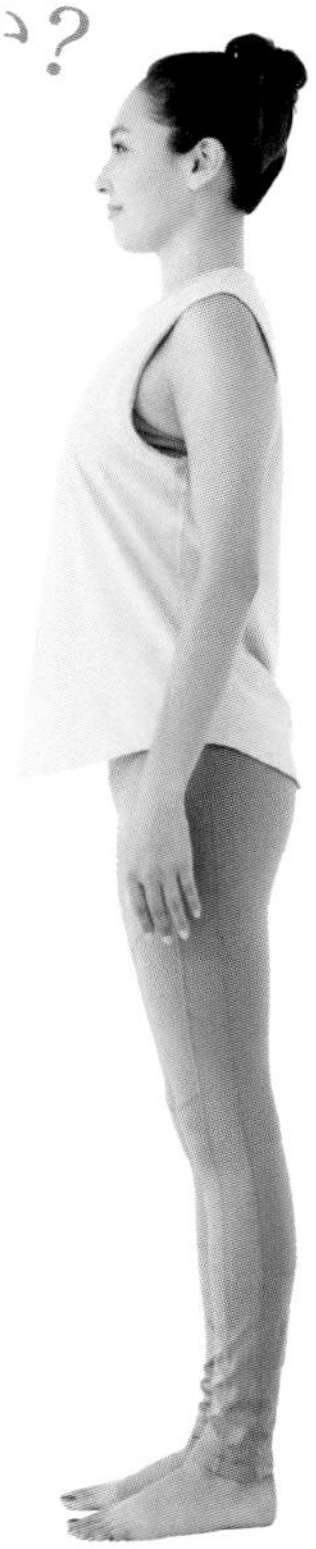

前から見ると

足の人さし指、
ひざ、
股関節は
まっすぐ前

こぶし１個分あける

O脚の人の多くは
ひざが内側に
入ります

こんな人は ひざがねじれている！

☑ ひざが内側に入る

まっすぐ曲げたつもりでも、ひざが内側を向いてしまい、ひざ同士がくっついてしまったら、ねじれています。

曲げたひざが 人さし指の方を向いていますか？

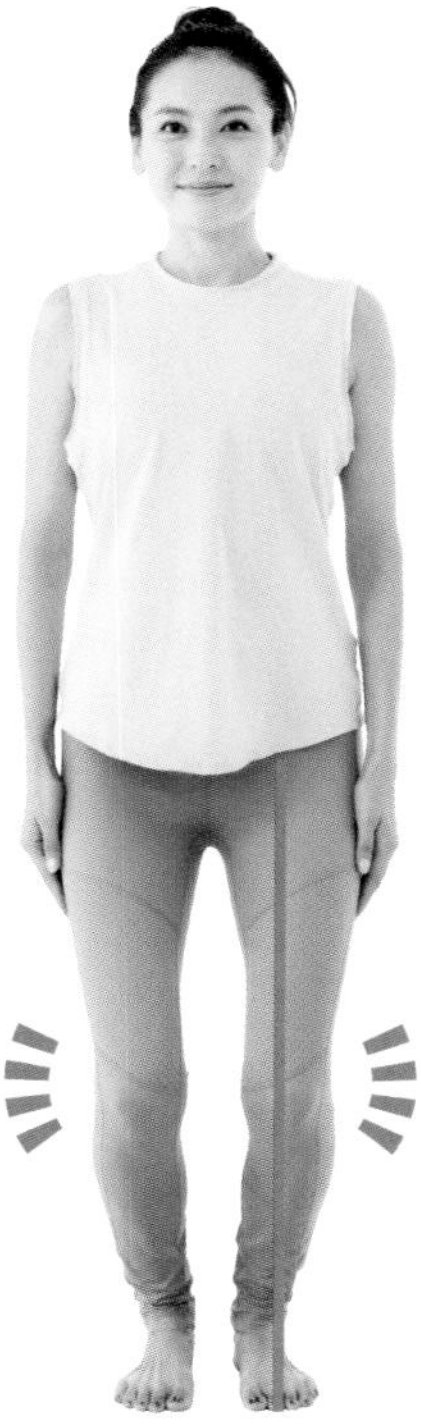

ひざを
軽く
曲げる

+α

脚を肩幅より広めに開いてスクワットをしてみよう

ひざは足の人さし指の方を向いていますか？

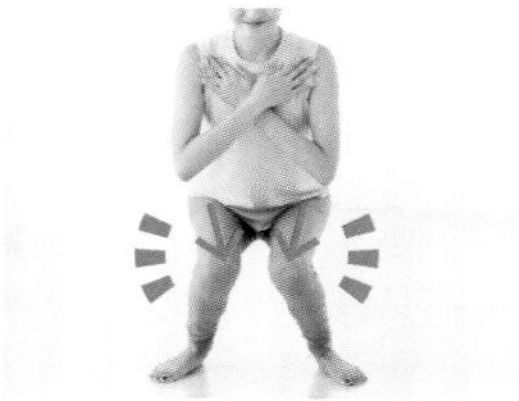

こんな人はひざがずれている！

☑ ひざが内側に入る

脚を開いてスクワットをしたときに、つま先は外を向いているのに、曲げたひざが内側を向いてしまったら、ひざがねじれています。

ひざまわりの硬い筋肉をほぐす

ひざほぐし

動画はこちら

解説のみ

実演

ひざがねじれていると外側の筋肉がカチコチに。ほぐすと、皮膚と筋肉の滑走性が上がり、関節の動きがよくなります。

1 ひざの横をつかむ

片ひざを立てて座り、両手でひざの横の皮膚と脂肪を引っ張るようにしっかりつまむ。

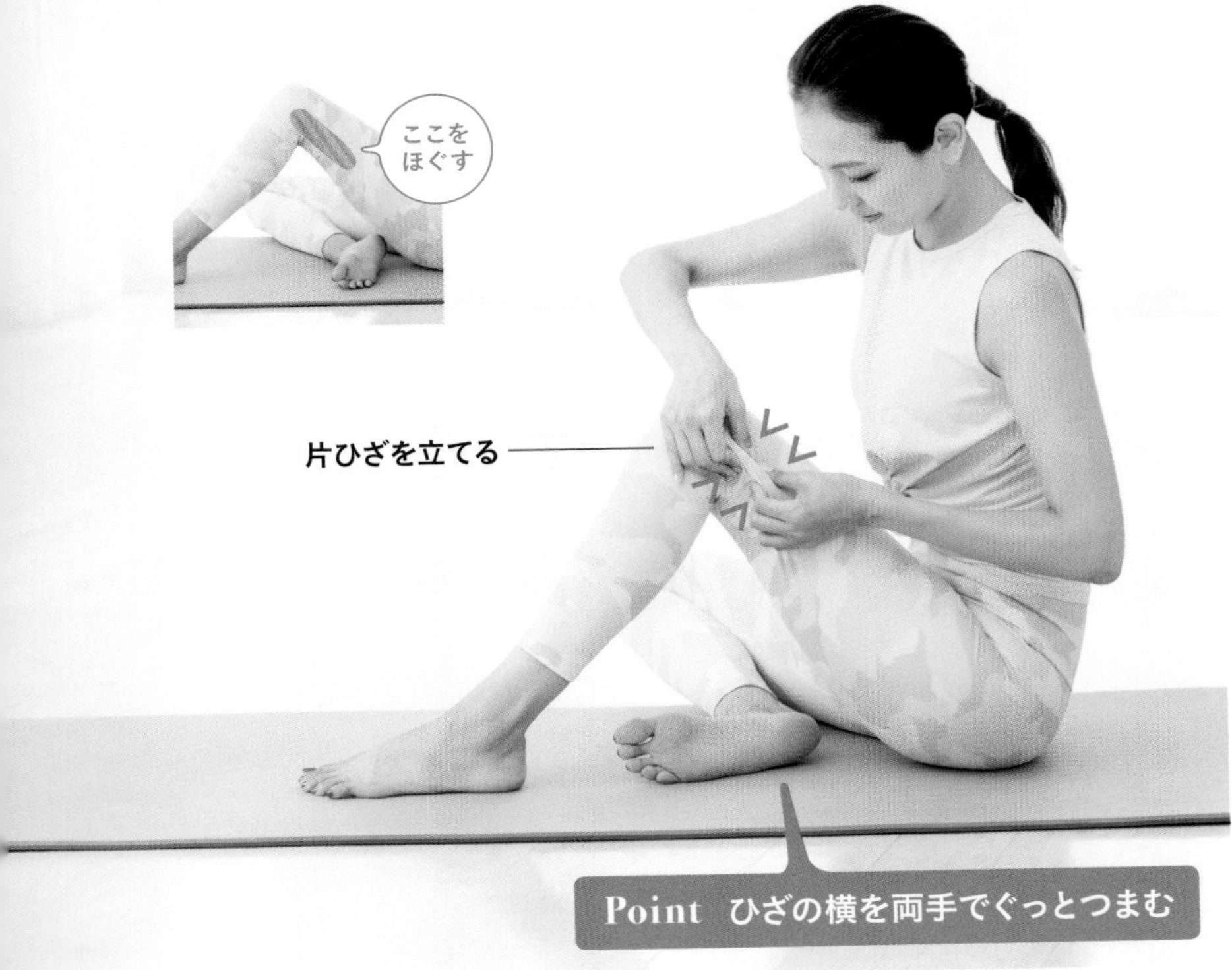

Point ひざの横を両手でぐっとつまむ

テニスボールや
フォームローラーを
ひざの横にあてて
転がしてもほぐせます！

2 つまんだままひざを伸ばす

両手でひざの横をつまんだまま、ゆっくりとかかとを滑らせながらひざを伸ばす。曲げ伸ばしを10回くりかえす。

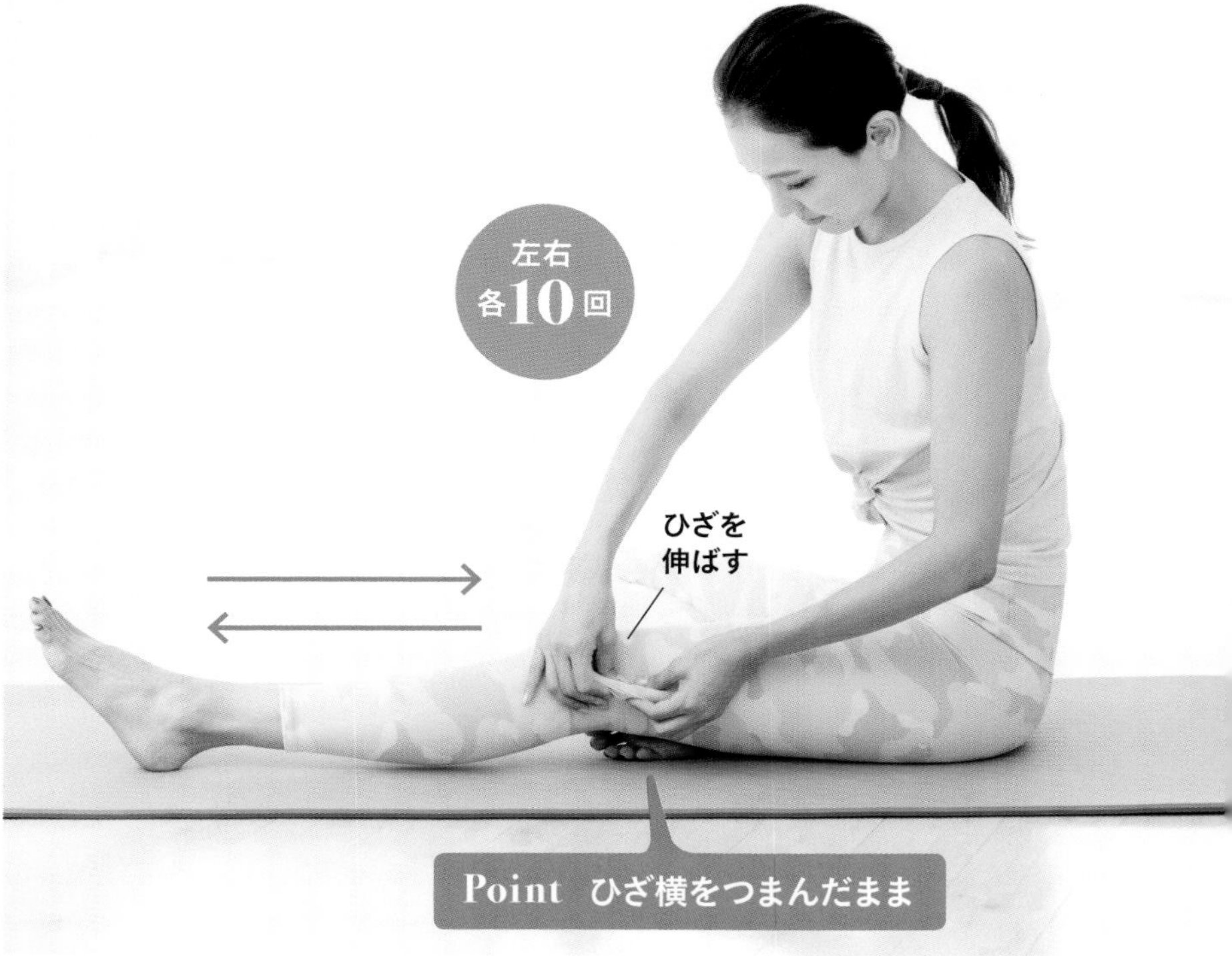
左右
各10回
ひざを
伸ばす
Point ひざ横をつまんだまま

動画はこちら
解説のみ
実演

ひざ下まっすぐストレッチ1

外側にねじれたひざ下を内側に
ひざ下バイバイ

1 つま先とすねを外に動かす

片ひざを立てて座り、ひざが動かないように両手でおさえる。足首を曲げてつま先とすねを外側に動かす。

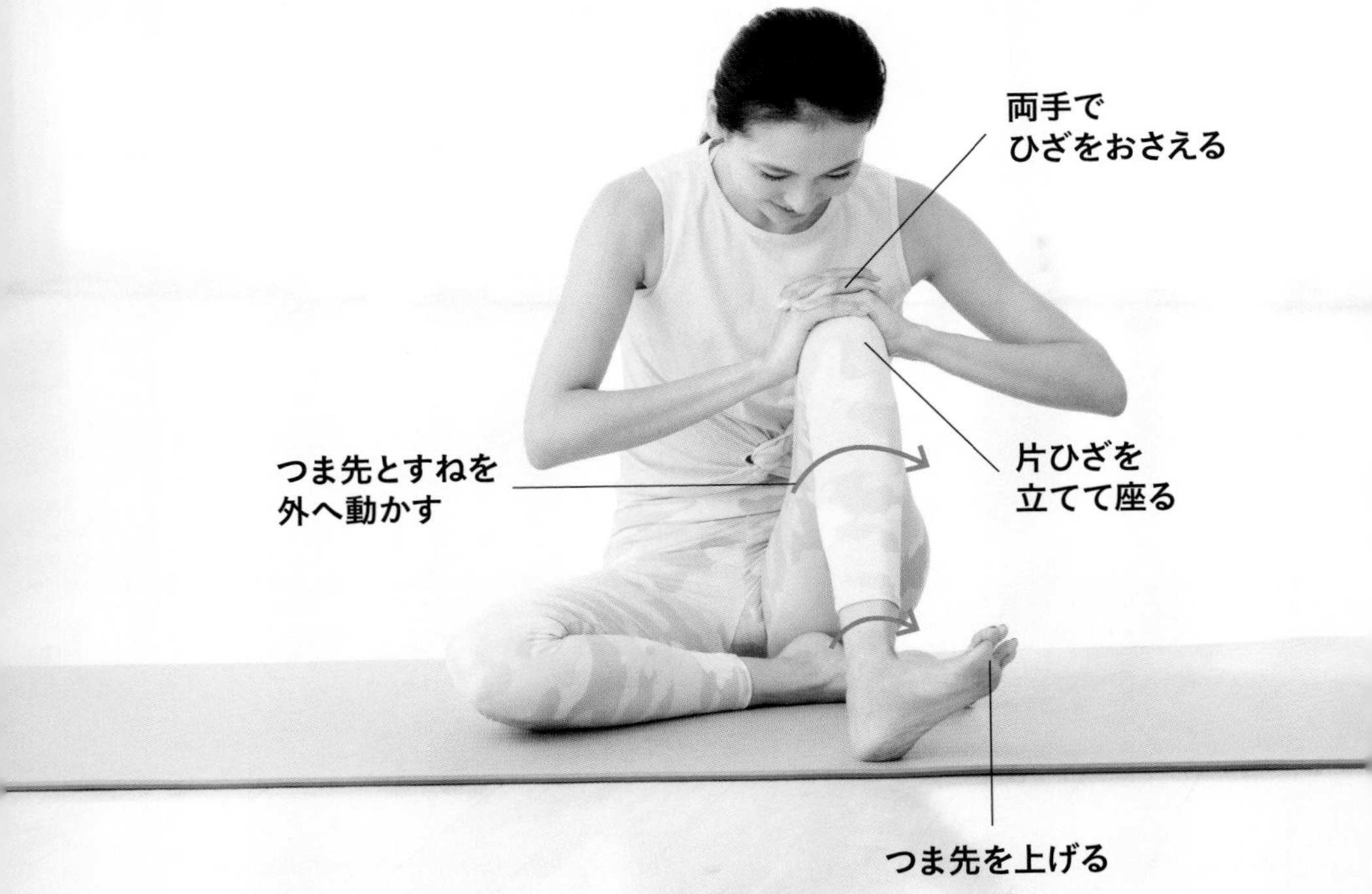
両手で
ひざをおさえる
つま先とすねを
外へ動かす
片ひざを
立てて座る
つま先を上げる

Point
すねから動かして ひざの左右のねじれをとる

ひざ関節が左右にねじれるとすねが外側に張ってきます。すねと足首を一緒に動かすことでひざの左右のねじれを正すと、すねの横の張りがとれて、まっすぐなひざ下に。動かすときは外向き2、内向き１が可動域の目安。

2 つま先とすねを内に動かす

ひざが動かないようにおさえながら、つま先とすねを一緒に内側に動かす。１〜2を10回行う。

左右
各10回
つま先とすねを
内へ動かす
つま先を上げる

動画はこちら
解説のみ
実演

ひざ下まっすぐストレッチ2

ひざ下を美しくする
すね伸ばし

ひざを曲げてつま先をつけ足首を床に近づける

床に座り、片脚は伸ばし、反対の脚はひざを曲げてすねが伸びるように足の甲のつま先部分を床につける。足首をできるだけ床に近づけたら30秒キープ。

左右各30秒

ひざから人さし指の先までは一直線上に
手で体を支える
ここが伸びる
足首を床に近づける

Point
つま先の方向に注意して すねの前側を伸ばす

足首が硬いと、床についたつま先が内側に向いてしまいます。人さし指までが一直線になるようにしてすねをストレッチすると、ひざ下がまっすぐになります。

脚がつる人は

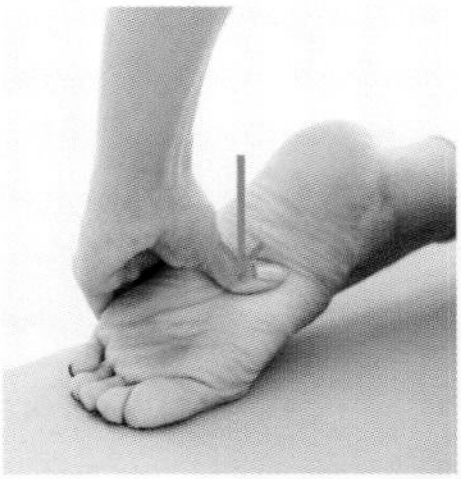

足裏の土踏まずに親指をあてる。親指を押し込むように強く押しながらすねをストレッチ。こうすると脚がつりにくくなる。

すねの前側と足首の伸びを感じよう

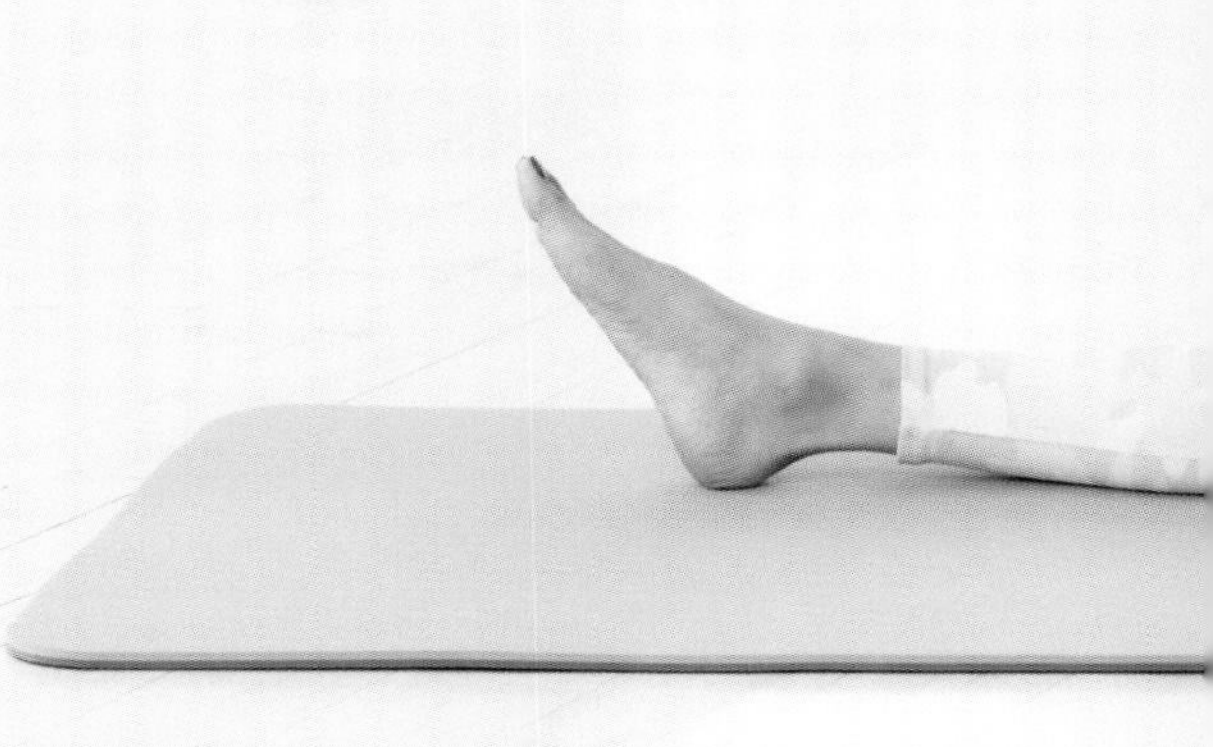

動画はこちら

▶解説のみ

▶実演

ひざ下まっすぐストレッチ3

ふくらはぎのたるみをとる
片脚伸ばし

1 壁に両手をついて立つ

壁の前に立ち、肩の高さで壁に手をつく。

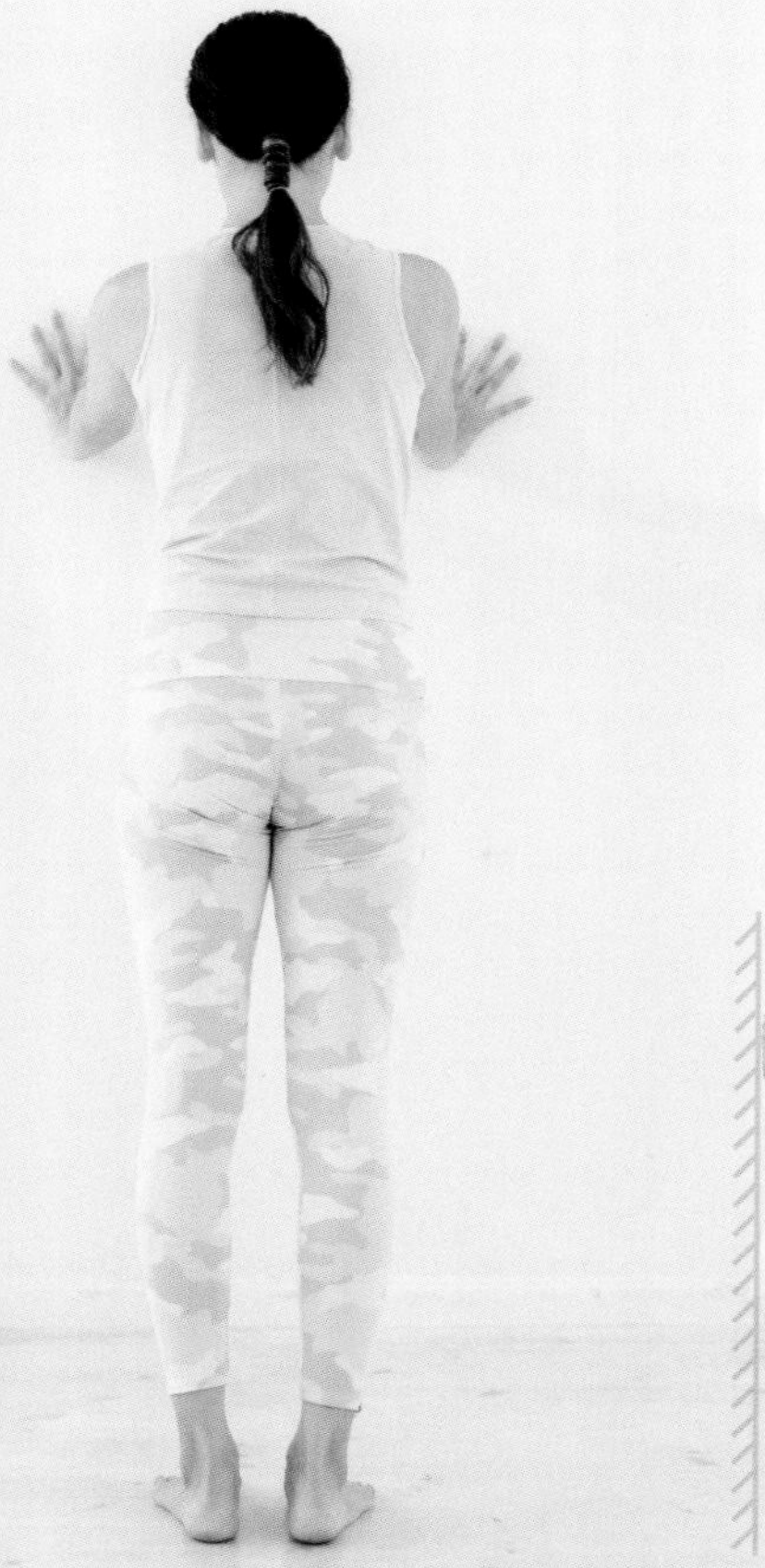

横から見ると
両手は肩の高さにつく

Point
かかとで床を踏みしめ 対角の手で壁を押す

ふくらはぎの内側はたるみやすい場所。ここを伸ばすために、後ろに引いた脚のかかとに重心をのせます。小指側は浮いてもOK。かかとの内側で床を踏みしめるとよく伸びます。

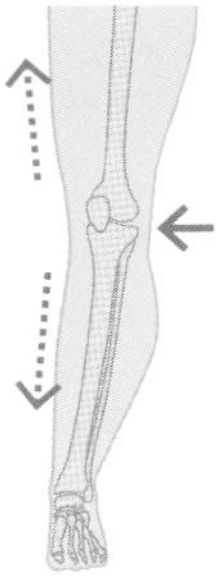

ストレッチでこう変わる

内ももを上へ、ふくらはぎの内側を下へ引っ張ることで、ひざの左右のねじれをとります。

2 片脚を1歩後ろに引く

片脚を1歩斜め後ろに引く。かかとの内側に体重をかけ、後ろに引いた脚の対角の手で壁を押しながら、ふくらはぎの内側を伸ばす。30秒キープ。

左右各30秒

伸ばした脚の
対角の手で
壁を押す
ここが
伸びる
かかとの
内側で押す

NG 腰が横にスライドしている

横から見ると

動画はこちら
▶解説のみ
▶実演

ひざ下まっすぐストレッチ4

ふくらはぎの外張りを解消
ひざ揺らし

※これがやりにくい人は、
「ひざほぐし」（P70）と
「ひざ下バイバイ」（P72）を行いましょう。

1 ひざを外側に揺らす

立って片脚を１歩前に出し、つま先を30度内側に向ける。ひざを人さし指の方向に曲げてから、正面に向けるように外へ5回揺らす。

左右
各5回

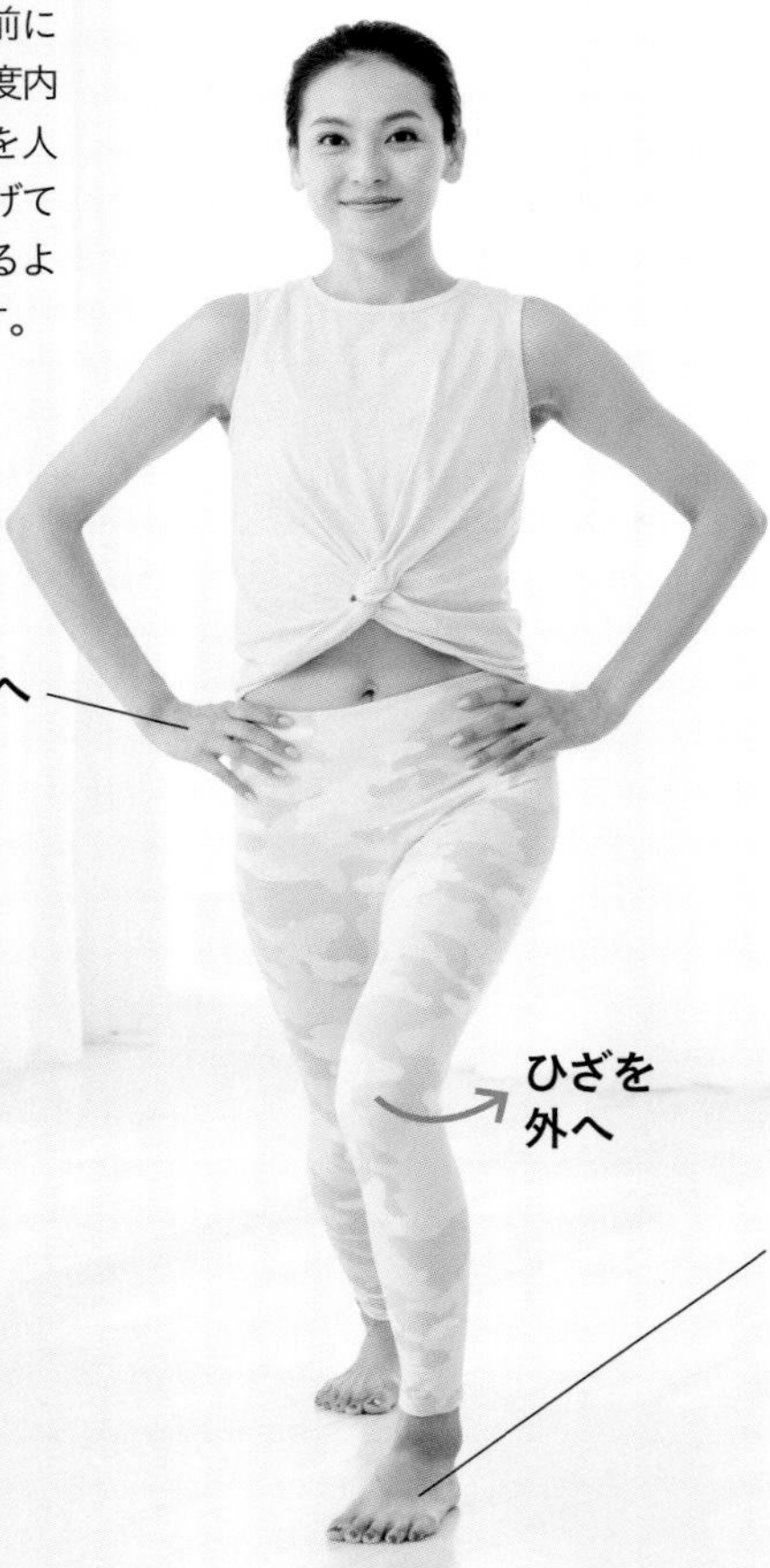

両手は骨盤へ

ひざを
外へ

NG 親指が浮いているのはダメ

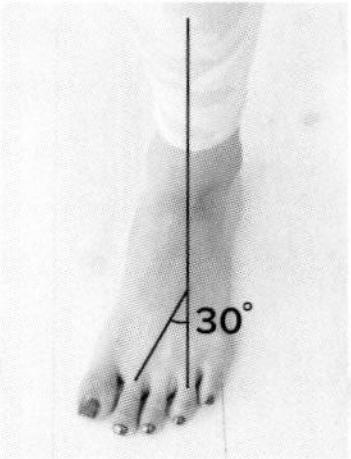

足の角度は
30度内向きに

足首の中心から人さし指を30度内側に向ける。

Point
ねじれたひざを正しい位置にはめる

つま先を内側に向け、ひざを外や正面に動かしてねじれたひざを正しい位置に戻します。骨がねじれていると動かしづらくて親指が浮くので、親指で床を押しましょう。

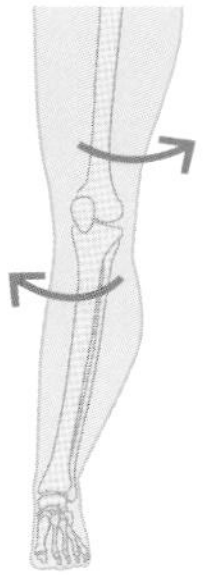

ストレッチでこう変わる

ひざ下の骨を固定して、ひざ上を外に持っていくことで、ひざの左右のねじれを正します。

2 ひざをまっすぐ前に小さく曲げる

1で30度内向きにしたつま先をキープしたまま、ひざを正面に向ける。そのまま前に出したひざを曲がるところまで5回前に曲げる。

左右各5回

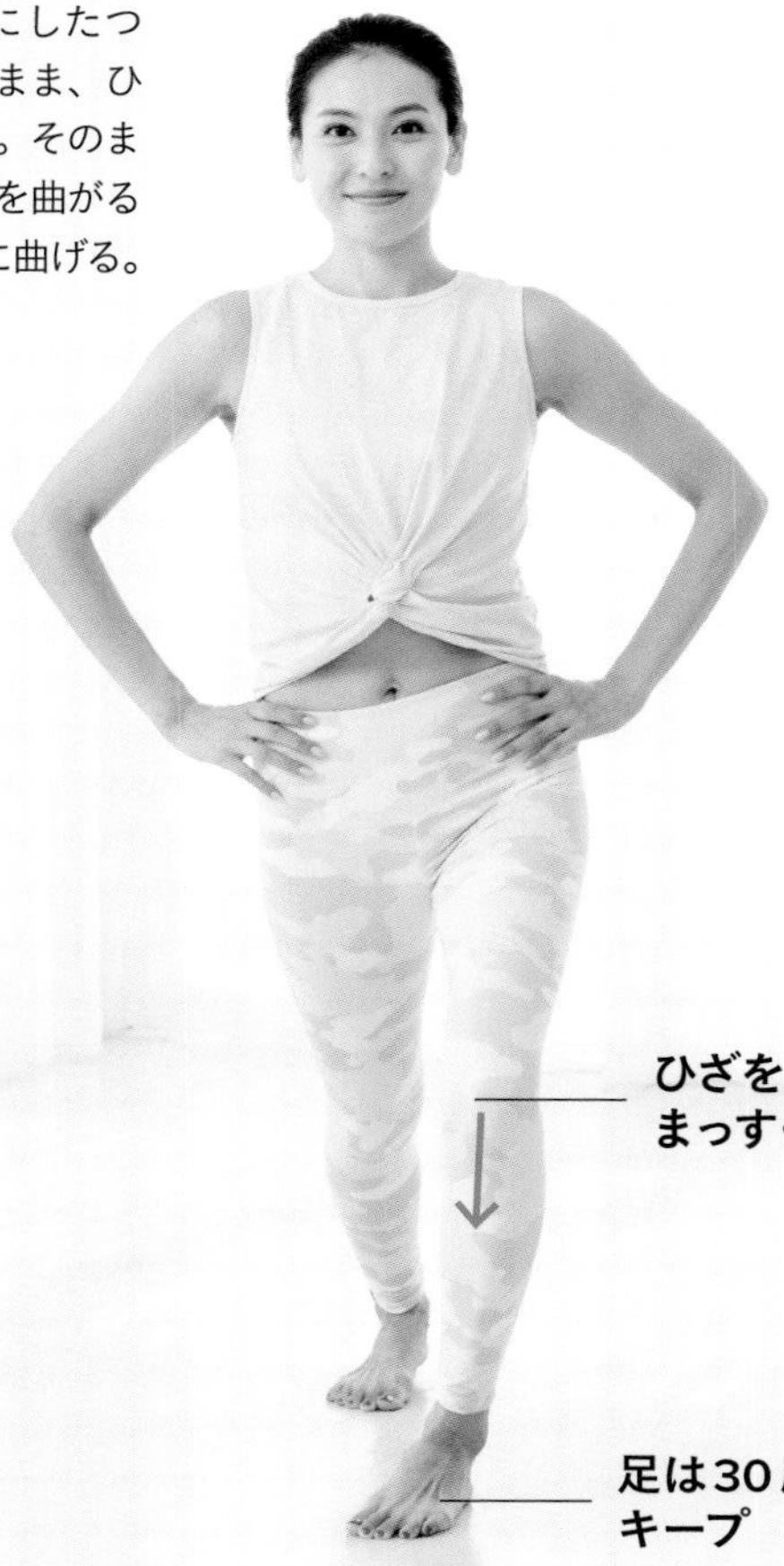

動画はこちら
解説のみ
実演

ひざ下まっすぐストレッチ5

ひざ肉のたるみをとる
足の甲伸ばし

1 足の甲を反対の手でおさえる

片脚を前に出して座り、かかとをついてつま先を伸ばした状態でひざを軽く曲げる。反対の手でつま先が立ってこないように足の甲をおさえる。

反対の手で
足の甲をおさえる
片ひざを
立てて座る
片手は床について
体を支える

Point
すねの骨と太ももの骨の前後のねじれを正す

ひざ上に脂肪がたまっている人は、ひざが前後にねじれてずれ、過伸展している可能性が。足の甲をおさえながらひざを伸ばしてねじれを正すようにストレッチを。

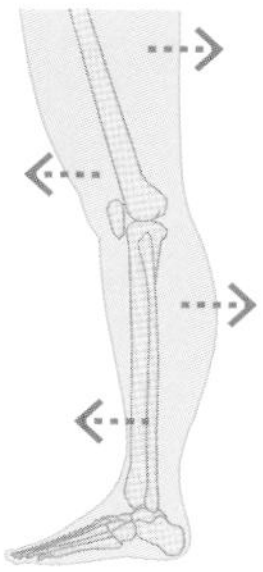

ストレッチでこう変わる

太ももの骨は前へ、すねの骨は後ろへ押し込むようにストレッチすることでひざの前後のねじれを正します。

2 足の甲をおさえたまま ひざを伸ばす

つま先の状態をキープできる範囲までかかとを前に滑らせてひざ裏が伸びているのを意識し、30秒キープ。

左右
各30秒
足の甲は
おさえたまま
ここが
伸びる
ひざをできるところまで
伸ばす

……> 青い矢印の方向に力がかかる

動画はこちら
- 解説のみ
- 実演

ひざ下まっすぐストレッチ 6

すねの骨を内側に押し込む

すね押し

Mini Point すねの骨は腓骨と脛骨という2本の骨で構成されています。ひざがねじれると外側にある細い骨・腓骨が外に張り出してくるので、その骨を内側に押し込むように圧を加えましょう。

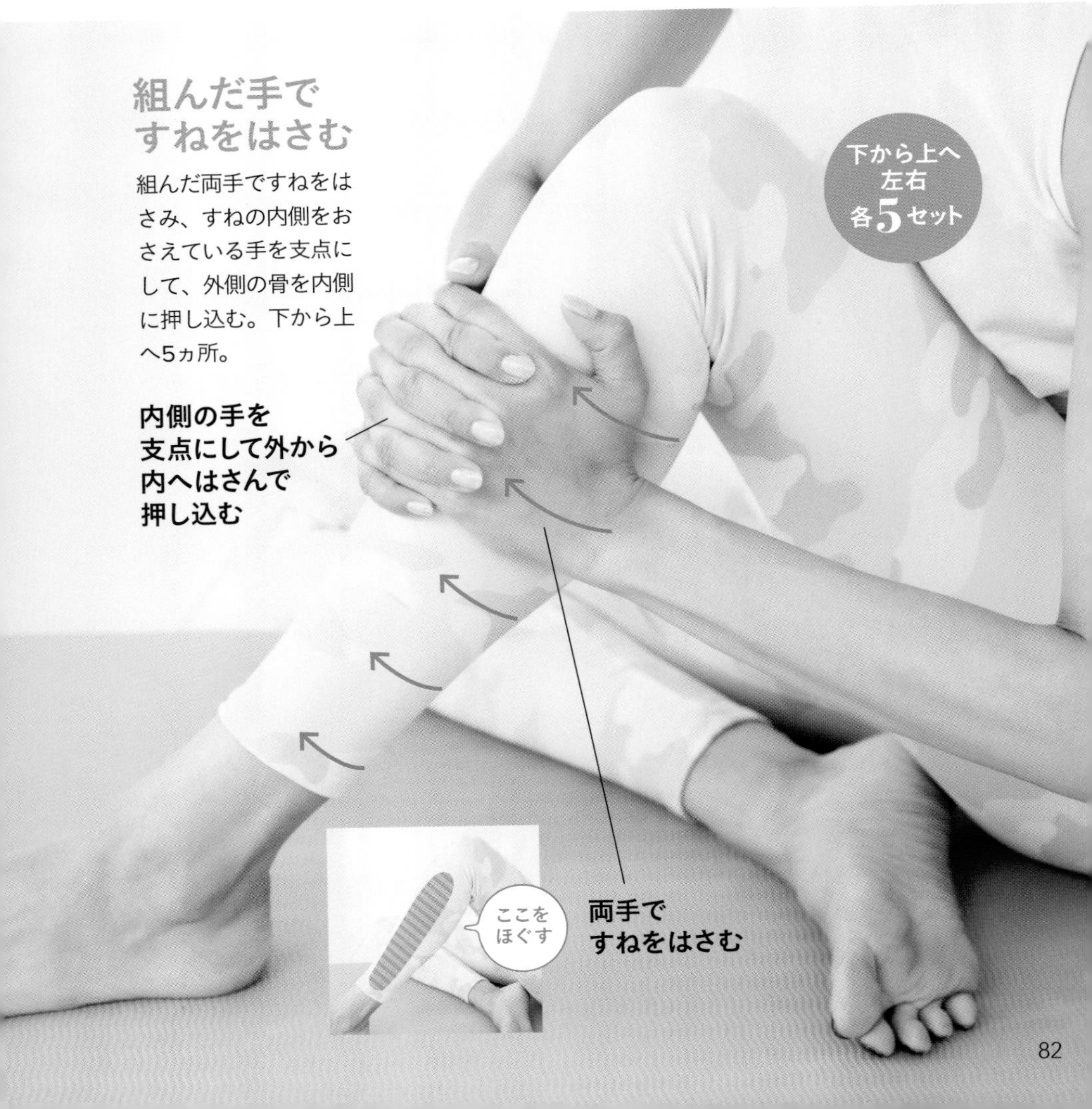
下から上へ
左右
各5セット
内側の手を
支点にして外から
内へはさんで
押し込む
ここを
ほぐす
両手で
すねをはさむ

組んだ手で すねをはさむ

組んだ両手ですねをはさみ、すねの内側をおさえている手を支点にして、外側の骨を内側に押し込む。下から上へ5ヵ所。

ひざ下まっすぐストレッチ 7

動画はこちら
解説のみ
実演

脚全体をまっすぐにする 脚裏伸ばし

Mini Point 脚を伸ばしていないほうの腰を前に、つかんだ足の外側は体のほうへ、親指側は押し出すようにするとより伸びます。腰からひざ下まで、脚の裏面を通る坐骨神経をゆるめるストレッチにも。

足の外側を体のほうへ引っ張り体を倒す

座って片脚を前に出し、かかとを突き出す。反対の脚はラクに。伸ばした脚と同じ側の手で小指側から足をつかみ、体のほうへ引っ張る。体を前に倒してひざ裏を伸ばし30秒。

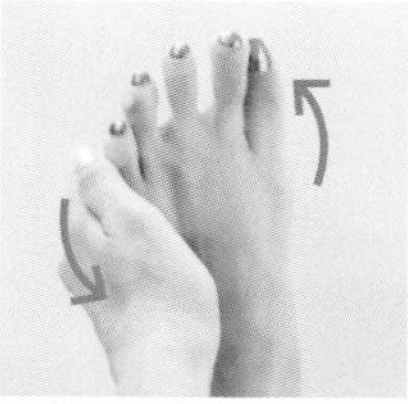
小指側は体のほうへ、
親指は前へ

左右
各30秒
反対の腰を
前に出す
足を外側から
つかむ
かかとを突き出す
ここが
伸びる

Chapter

4

サボった筋肉を目覚めさせる

お尻全方位筋トレ

お尻の筋肉が使えるようになると
脚の筋肉がムダな働きをしなくなり、

たくましい脚から
引き締まった脚に
変わります。

← このChapterの
実演動画を通しで見る

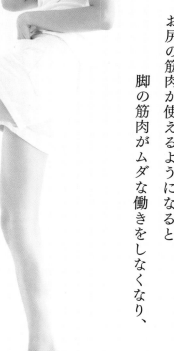

たくましい張りがスッキリ

お尻の筋肉を鍛えると
脚の仕事が減って細脚に

筋トレをしているわけではないのに脚がたくましく太く見えたら、脚の筋肉の使いすぎです。例えば、歩くときに一番大事なのはどこの筋肉だと思いますか？　それは脚の筋肉ではなく、お尻の筋肉。骨盤から前に進むようにお尻の筋肉を使って歩けば、脚の筋肉をムダに使うことはありません。でも、32ページでも述べた通り、脚が太いと悩む人の多くは、お尻の筋肉を使わずに脚の筋肉を使って体を動かしています。特に股関節が内向きにねじれているとお尻の筋肉が使いづらくなり、代わりに太ももの外側や前側の筋肉が余計な仕事をするようになるのです。体の中でも大きくてパワーがある太ももの筋肉は、お尻だけでなくお腹の筋肉の仕事まで代行してくれる働き者。体を動かすたびに脚の筋肉ががんばり、脚はどんどんたくましくなります。これを防ぐためにはサボったお尻の筋肉を目覚めさせること。**お尻の筋肉が使えるようになれば、脚の筋肉を酷使しなくても体を動かすことができるようになります。**そしてたくましい脚の張り出しが消え、まっすぐ美しい脚に。

股関節と関わりの深いお尻の筋肉

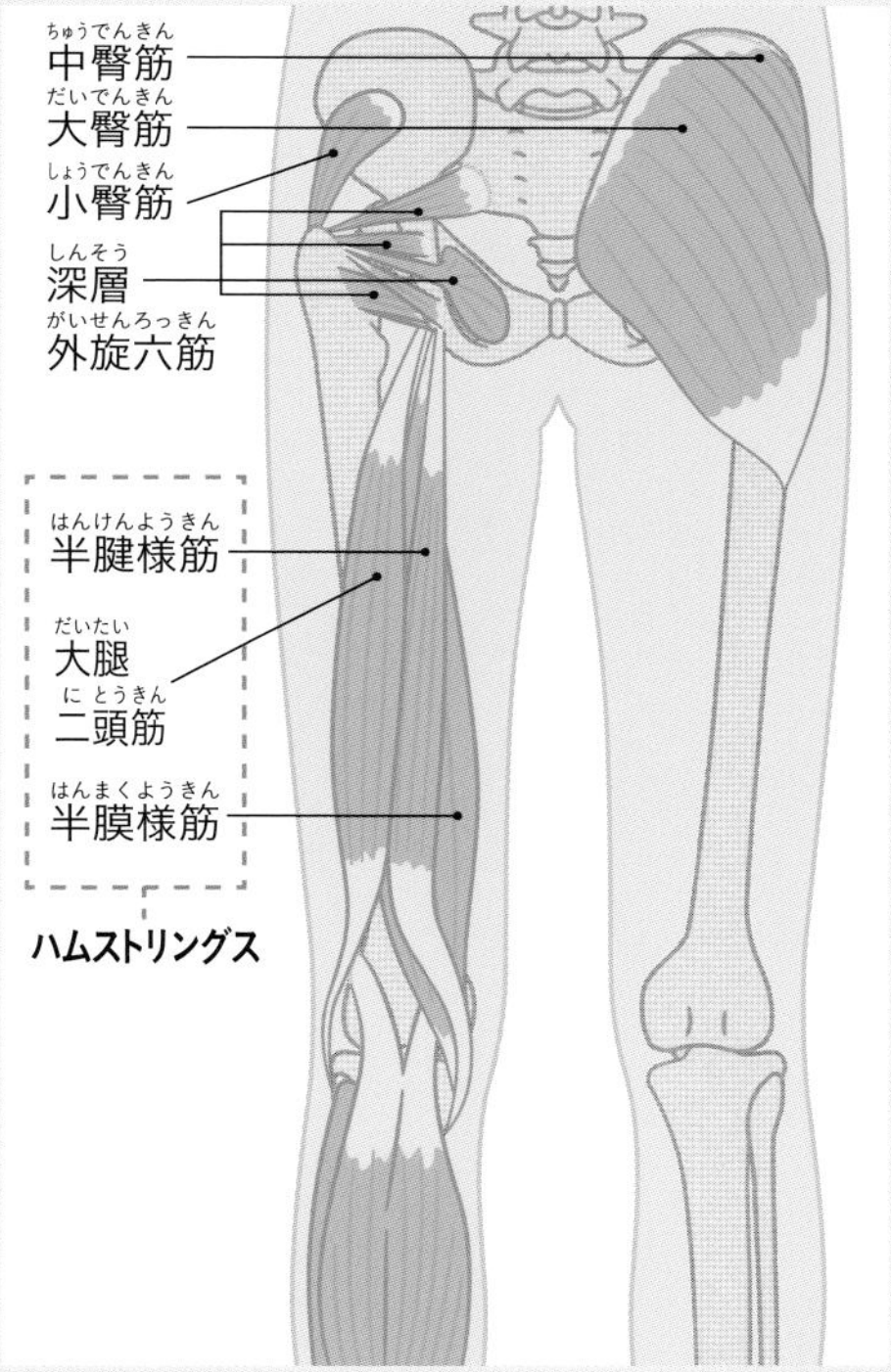
中臀筋《ちゅうでんきん》
大臀筋《だいでんきん》
小臀筋《しょうでんきん》
深層《しんそう》
外旋六筋《がいせんろっきん》
半腱様筋《はんけんようきん》
大腿《だいたい》
二頭筋《にとうきん》
半膜様筋《はんまくようきん》
ハムストリングス

自在に動く股関節を支えるのはお尻の奥にある、深層外旋六筋というインナーマッスルやお尻の3つの筋肉、大臀筋、中臀筋、小臀筋。ここを鍛えることでお尻の筋肉を使えるようになります。

動画はこちら
解説のみ
実演

お尻トレ 1

お尻の奥を鍛えて小尻になる

クラムシェル

1 横向きでひざを曲げる

横向きに寝て、下の腕を頭の下に入れ、ひざを90度に曲げる。腰を軽く反り、上の手で骨盤をおさえる。

上から見ると

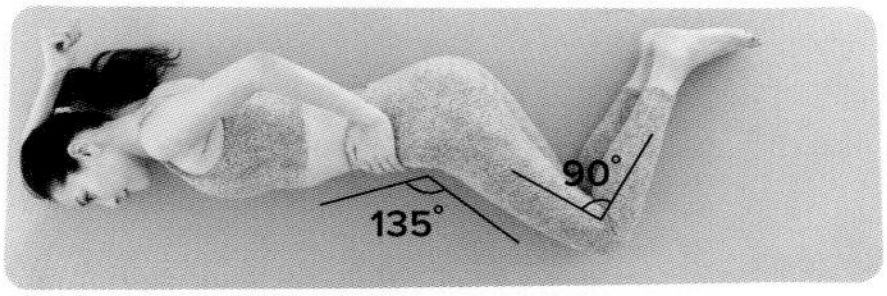

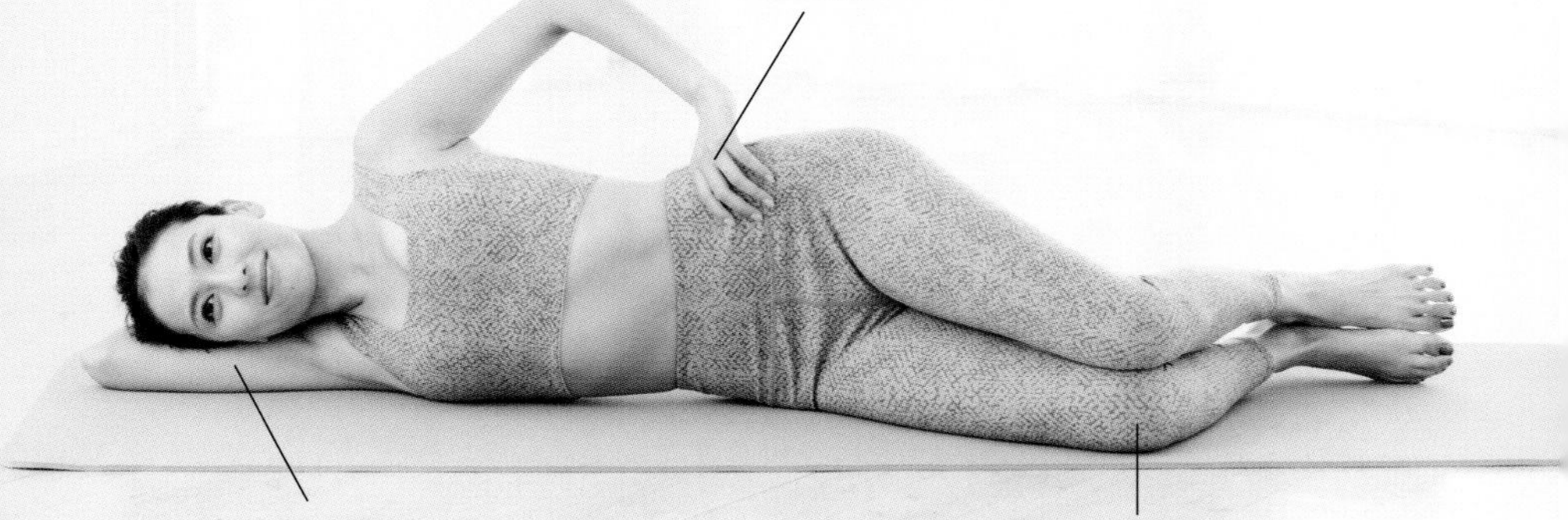

Point
骨盤を動かさないように ひざを開いて

ひざを開くときに骨盤が動いてしまうとお尻に効かせられません。骨盤が動かないように手でしっかりおさえ、上のひざが下のひざにつく前に、お尻の奥の筋肉を使って、ひざを開きましょう。

ここの筋肉に効かせよう！

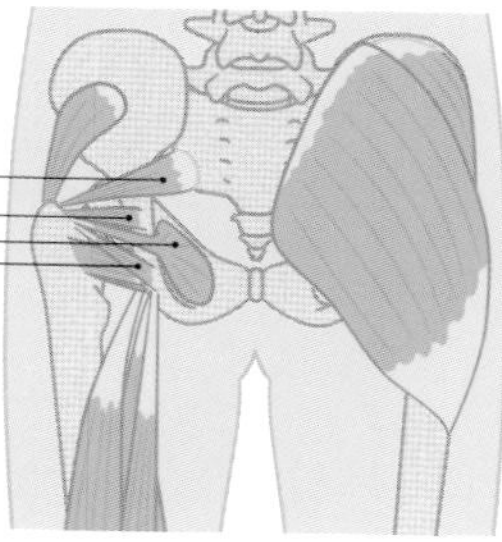

2 ひざを開く

骨盤が動かないように手でおさえながらひざを開く。両足のかかとと両ひざはつけずにすき間をあけたまま、ひざの開閉を20回行う。

Mori's check
骨盤が動いてしまう人は股関節が硬いので、「股関節全方位ストレッチ」(Chapter2)をしっかり行おう。

上から見ると

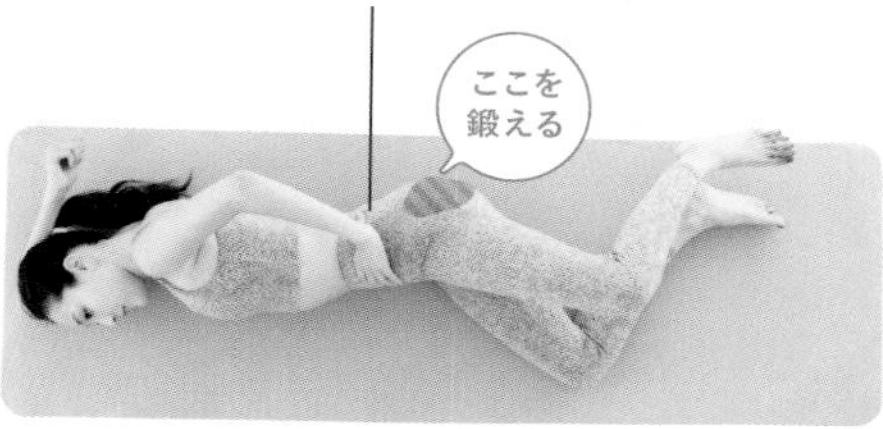

Mori's check
すねの外側が痛くなる人は坐骨神経のまわりが硬い可能性が。「脚裏伸ばし」(P83)を行って。

左右各20回

ひざを開く

かかとの間はすき間をあける

動画はこちら

解説のみ

実演

お尻トレ 2

お尻の 上部 を鍛えてヒップアップ
脚上げクラムシェル

1 横向きになりひざと股関節を90度に曲げる

横向きに寝て、下の腕は頭の下へ、上の手で骨盤をおさえ、股関節とひざを90度に曲げる。

骨盤は少し前傾(P51 参照)

上から見ると

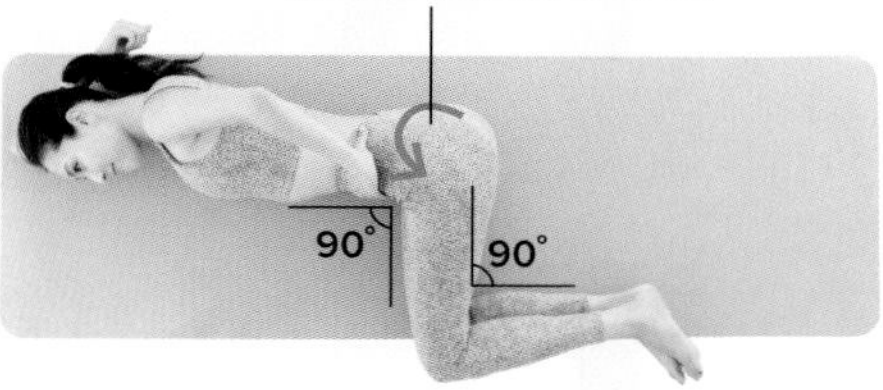

手で骨盤をおさえる
(体の前に手をついてもOK)

腕は頭の下に

Point
お尻の上部に効いていることを感じながら行って

背中を丸めずに少し腰を反るイメージで行いましょう。脚を上げるとお尻の上部に効いているのがわかります。また、上のひざが下のひざにつく前に持ち上げるとより効果的です。

ここの筋肉に効かせよう！

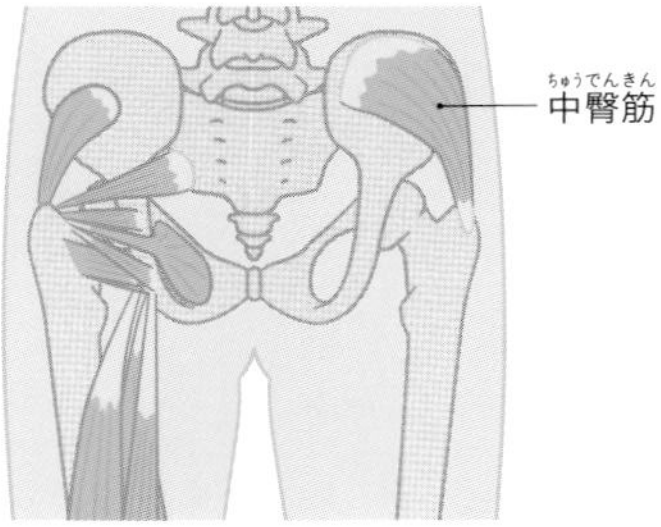
中臀筋《ちゅうでんきん》

2 ひざ下が床と平行なまま脚を上下する

かかとを突き出し、ひざを曲げたまま、すねを床と平行に脚を上げて下ろす。20回。

上から見ると
ここを鍛える

左右各20回
ひざ下は床と平行に
骨盤は動かさない

動画はこちら
解説のみ
実演

お尻トレ 3

お尻の横を鍛えて脚の外張りオフ
蹴り上げクラムシェル

1 横向きになりひざと股関節は90度

横向きに寝て、股関節とひざを90度にして、下の腕は頭の下へ、上の手で骨盤をおさえる。

2 内またにする

上の脚を股関節から内側に回転させて、足が上、ひざが下になるように脚を内またにする。

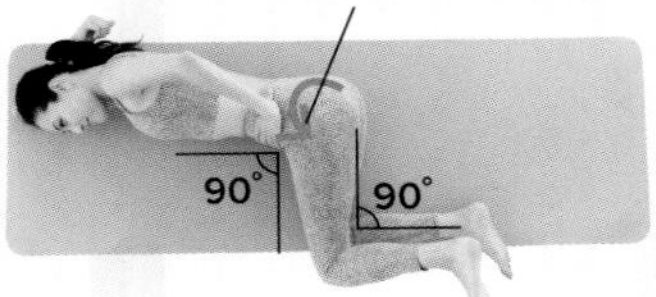

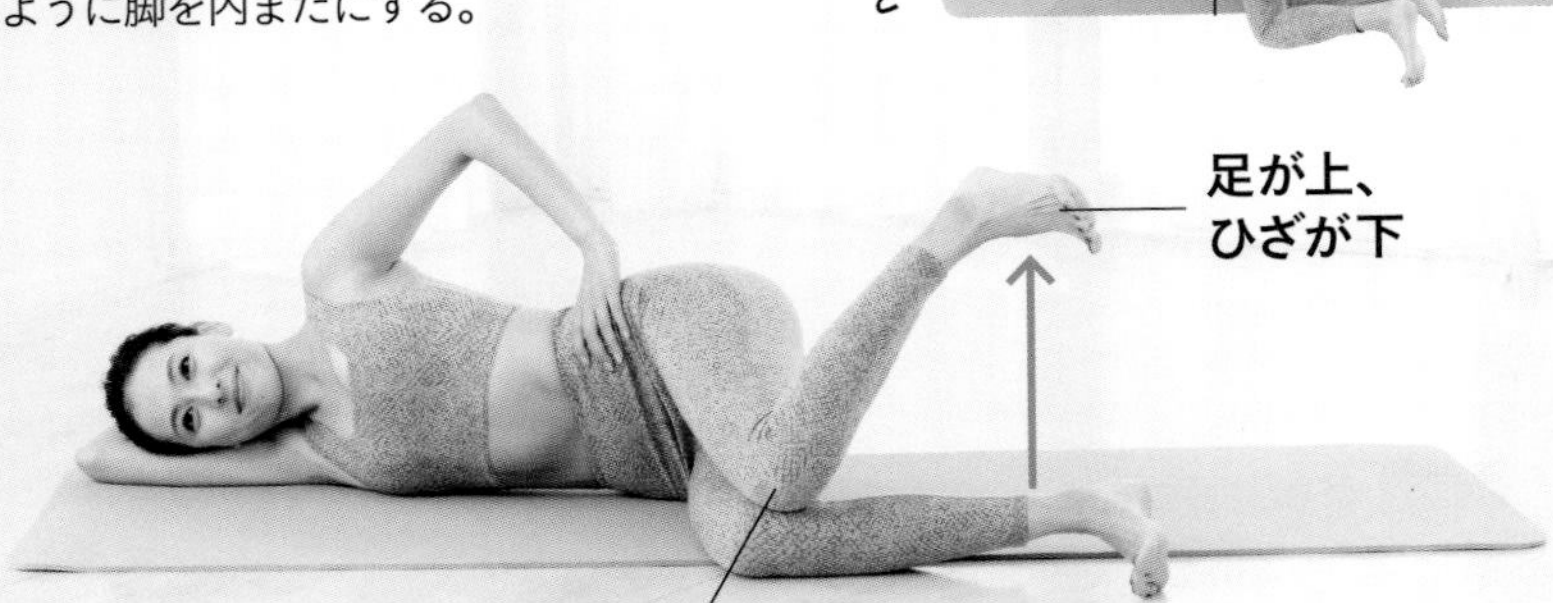

Point
内またにしたまま脚を上げる

股関節から脚を内側にひねるように内またにして脚を後ろに蹴り上げると、お尻の横が鍛えられます。脚を上げるときには、「ひざより足が上」をキープして、上のひざが下のひざにつく前に上げて。

ここの筋肉に効かせよう！

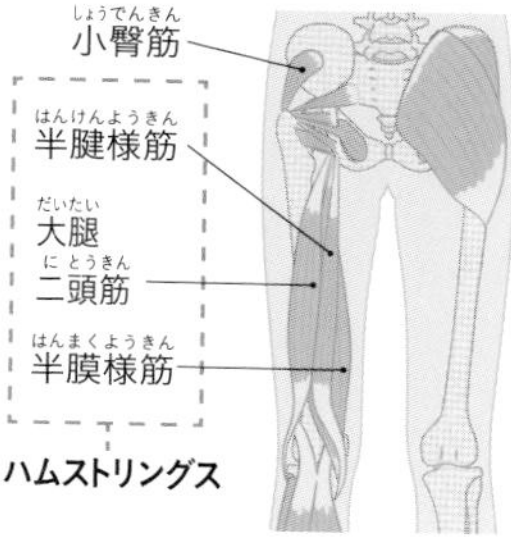
小臀筋《しょうでんきん》
半腱様筋《はんけんようきん》
大腿《だいたい》
二《に》頭筋《とうきん》
半膜様筋《はんまくようきん》
ハムストリングス

3 内またをキープして脚を蹴り上げる

内またをキープしたまま、上の脚を後ろに蹴り上げる。脚を戻し、上のひざが下のひざにつく前に再び蹴り上げて、20回くり返す。

上から見ると

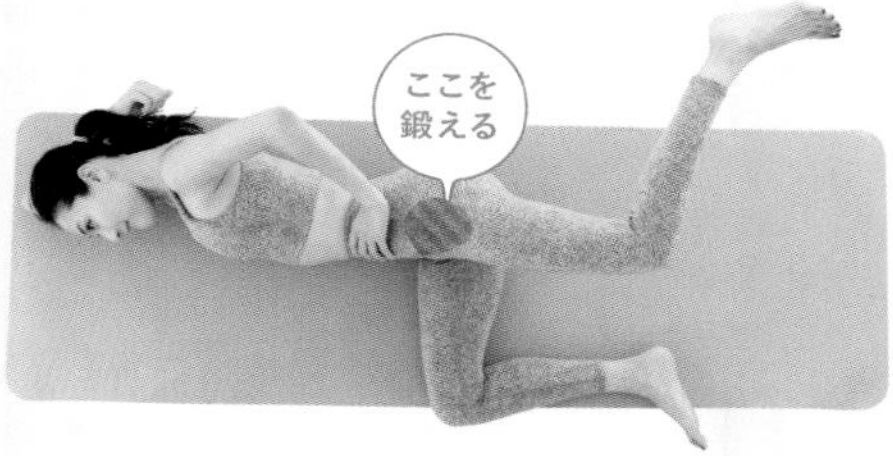
ここを
鍛える

左右
各20回
ひざより
足が上
骨盤は動かさない

動画はこちら

解説のみ

実演

お尻トレ 4

お尻と裏ももを引き締める
ローリングヒップリフト

1 あお向けでひざを立てる

あお向けになり、ひざの下にかかとがくるようにひざを曲げる。腕は手のひらを下にして体の横に。鼻から息を吸って吐きながら、腰のすき間を埋めるように骨盤を後傾させる。

足の間は
こぶし
1個分
かかとはひざの下

息を吐く

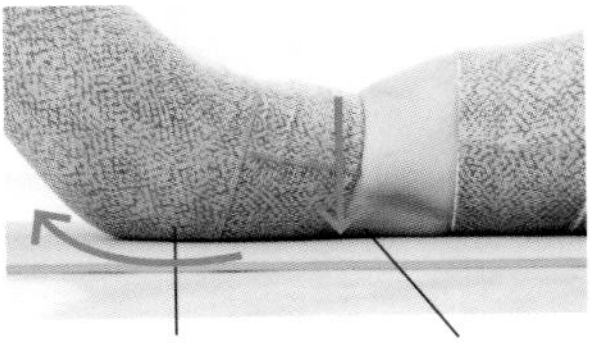
骨盤を
後傾(P51 参照)
腰のすき間を
埋めるように

息を吸う

Point
反り腰の人はみぞおちを下におさえるイメージで

反り腰の人や、背中に力が入りづらい人は、お尻を上げたり下ろしたりするときに腰が反ってしまいます。よりお尻ともも裏に効かせるためには、みぞおちを下におさえこみ、お尻は上にという意識を持つのが大事。

ここの筋肉に効かせよう！

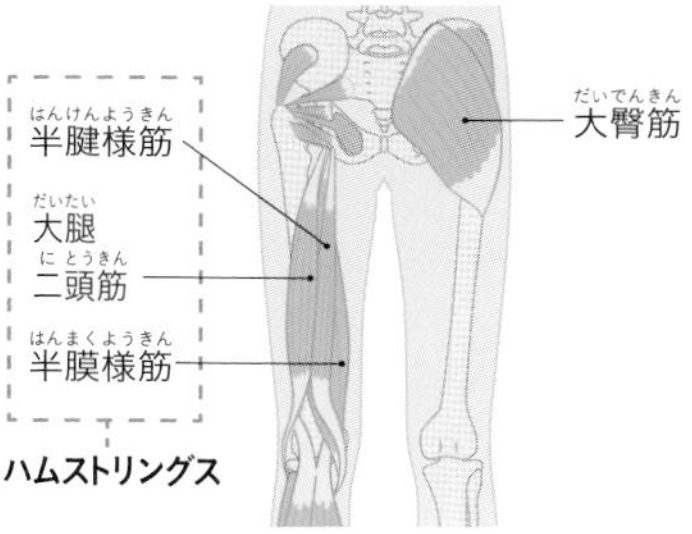
半腱様筋《はんけんようきん》
大腿《だいたい》
二頭筋《にとうきん》
半膜様筋《はんまくようきん》
ハムストリングス
大臀筋《だいでんきん》

2 かかとで床を押してお尻を上げる

かかとで床を押し、一度息を吸い、息を吐きながらお尻を上げる。みぞおちは下におさえこむように、お尻は上へを意識して、首からひざを一直線に。息を吐きながら背中、腰、お尻の順に体を下ろす。5回。

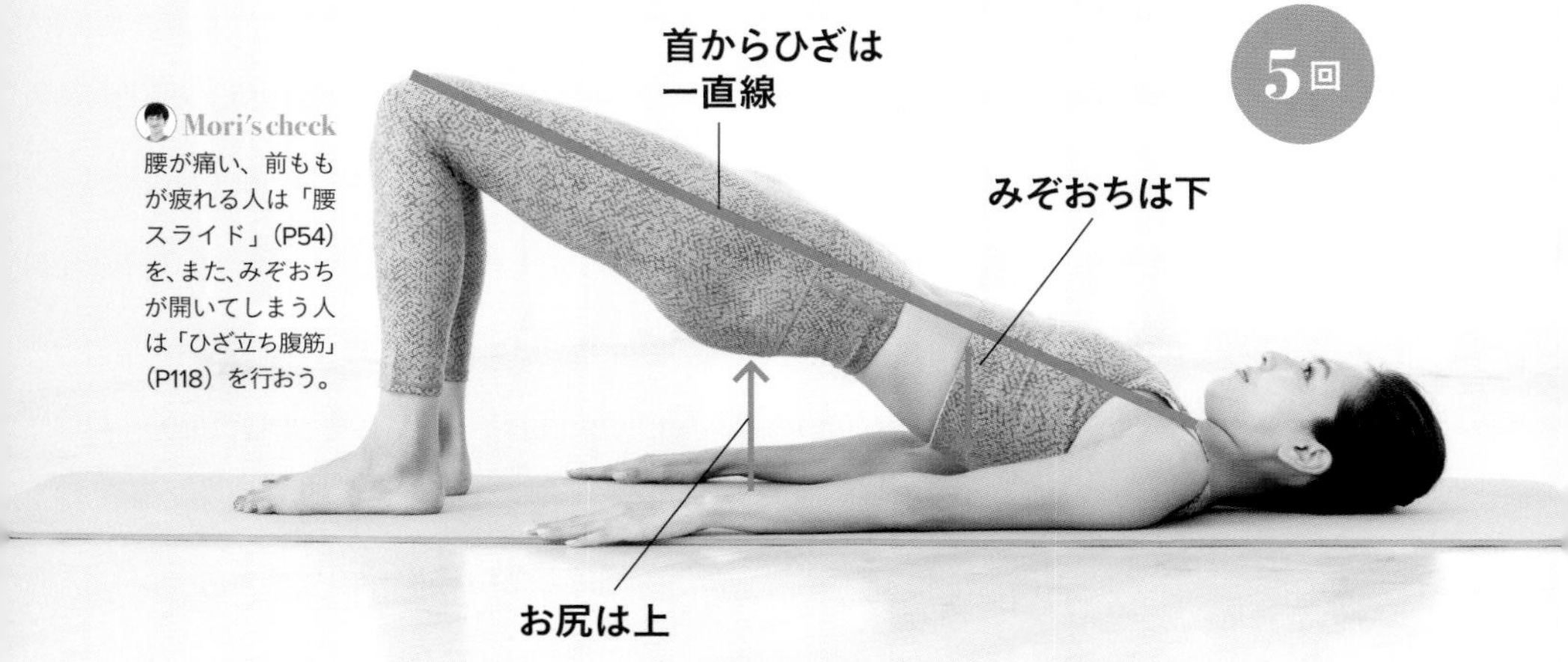
首からひざは
一直線
5回
みぞおちは下
お尻は上

Mori's check
腰が痛い、前ももが疲れる人は「腰スライド」(P54)を、また、みぞおちが開いてしまう人は「ひざ立ち腹筋」(P118)を行おう。

Point 腰の骨を伸ばすようなイメージで背中の筋肉を使う

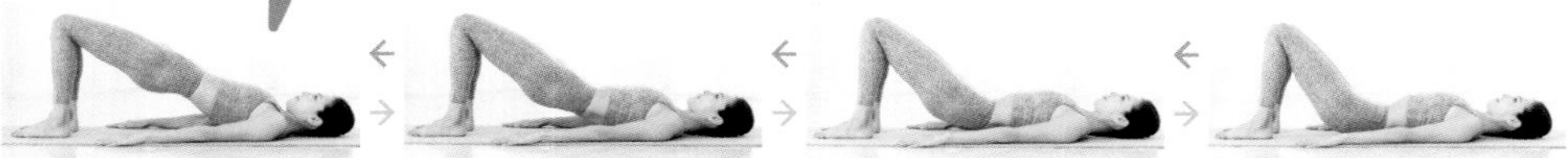

裏ももからお尻、背中の筋肉は、普段の生活では衰えがち。ここを鍛えるとお尻の筋肉が使いやすくなります。腰の骨をひとつずつ伸ばすようなイメージでゆっくりと行いましょう。

動画はこちら

解説のみ

実演

お尻トレ 5

お尻と裏ももの 内側 を引き締める

内またヒップリフト

1 あお向けになり脚は内またに

あお向けでひざを立て、足を肩幅に開いて内またにし、かかとをひざより前に出す。両腕は手のひらを下にして体の横に。

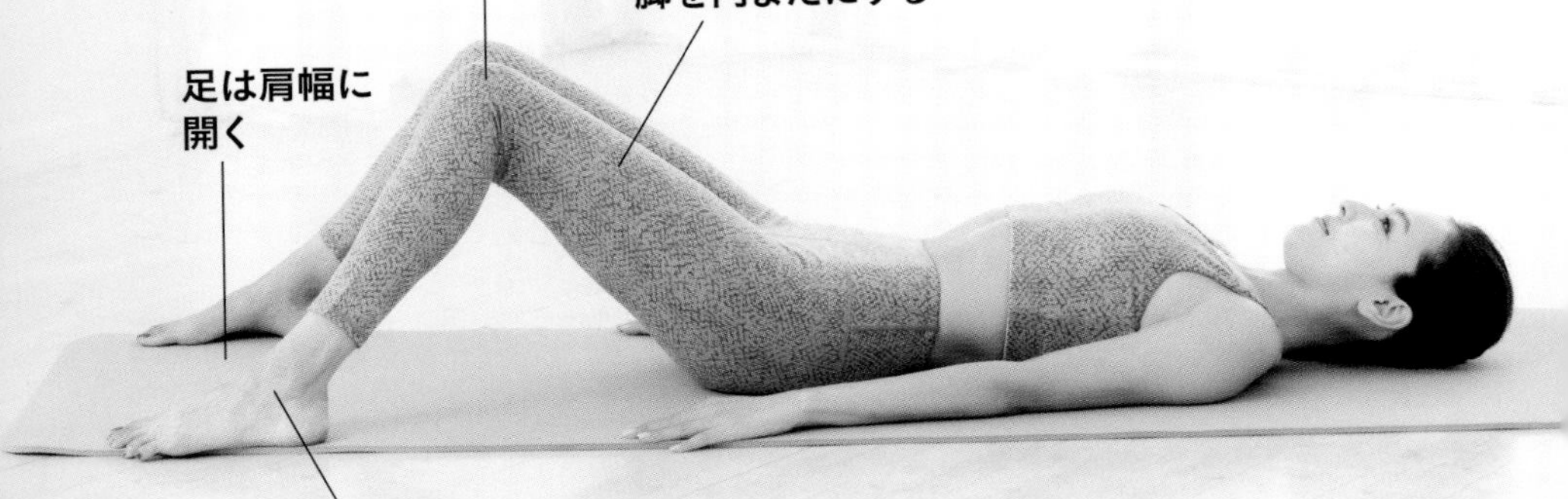
ひざの間はこぶし１個分
脚を内またにする
足は肩幅に
開く
かかとはひざより前

Point
足の位置を遠くするほど裏ももの内側に効く

内またにすることで、裏ももでも特にたるみやすい内側の引き締めに。足を遠くに置くほどキツくなるので、筋力に合わせて足の位置を変えて行いましょう。ひざ下がねじれているXO脚にオススメです。

ここの筋肉に効かせよう！

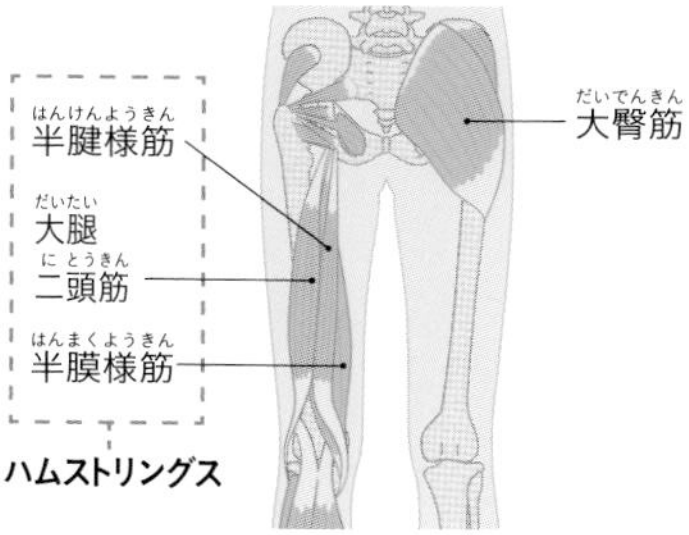
半腱様筋《はんけんようきん》
大腿《だいたい》
二頭筋《にとうきん》
半膜様筋《はんまくようきん》
ハムストリングス
大臀筋《だいでんきん》

2 内またのままお尻を上げる

足の親指とかかとの側面で床を押して、息を吐きながら、骨盤を後傾し、お尻の穴を締めて、ひざから首までが一直線になるまでお尻を上げる。一度息を吸い、吐きながらゆっくり背中、腰、お尻の順番に下ろす。5回。

NG ひざがつく

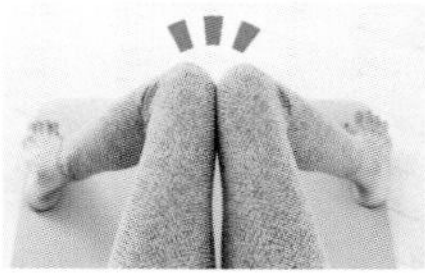

NG お尻が落ちている

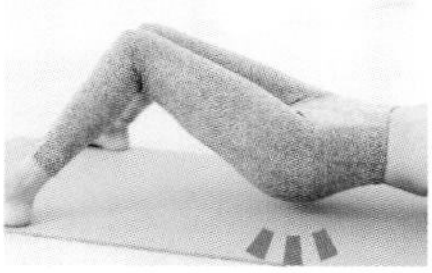

Mori's check
ひざが痛い、お尻が上がりきらない人は「腰スライド」(P54)を行おう。

5回

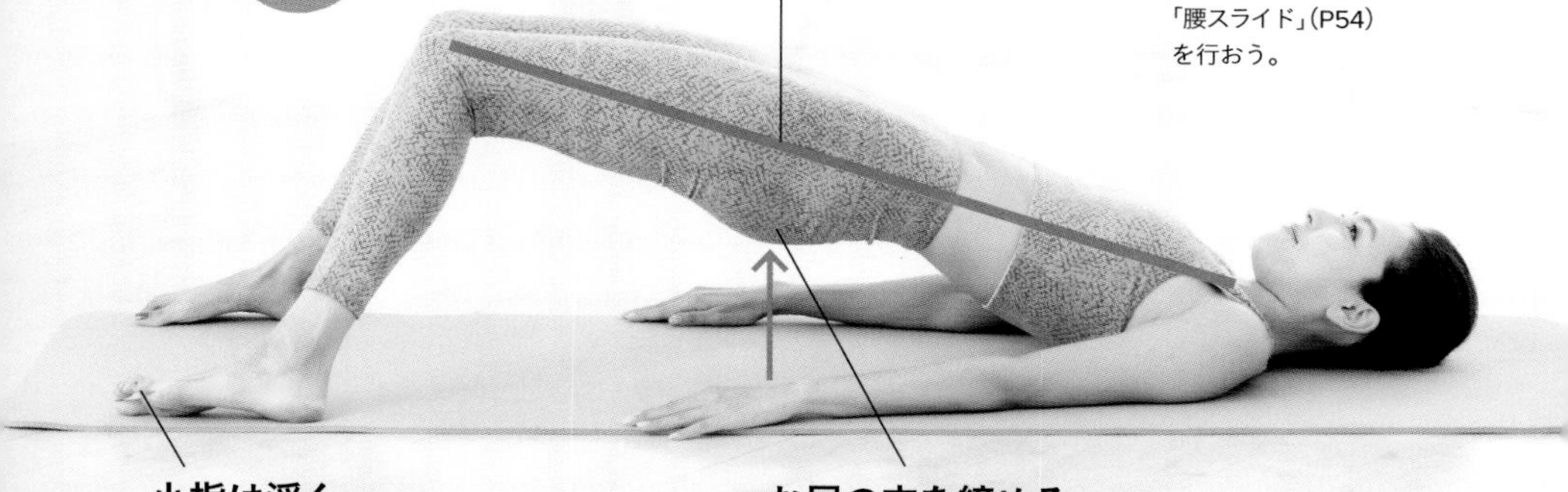
首からひざは一直線
小指は浮く
お尻の穴を締める

COLUMN
脚が細くなる生活・太くなる生活

［立ち方］細脚さんの場合……

重心は上
下半身が安定
しているから
立っていても
体がラク
お尻に
力が入る
ひざは
伸びきらない
スッキリ
太もも

［立ち方］太脚さんの場合……

ひざをつっぱり
前ももの力で体を支えて
いる。脚に余計な力が
入っているので
疲れやすい
お尻の力が
抜けている
ひざが
伸びきっている
前ももが
張る

肩や首、腰の
負担が少ない
たまに立ち上がるなど
長時間座りっぱなし
でない
股関節が
正しい状態
体への
負担も
少ない
裏ももの付け根で
座っている
イメージ

［座り方］

細脚さんの
場合……

一見ラクな座り方だが
股関節のねじれが
加速し、お尻がつぶれ
脚が太くなる
尾骨で
座っている
イメージ

［座り方］

太脚さんの
場合……

［歩き方］
太脚さんの場合……

［歩き方］
細脚さんの場合……

股関節とひざがねじれ、脚の形がどんどん悪くなる！
足をふりまわして足首をねじって歩く
股関節がねじれていないとお尻を使って歩ける！
すね
かかと
親指が
一直線上に

Chapter

5

気になる部位に
ダイレクトにアプローチ
お悩みパーツ別
エクササイズ

太ももの前側がパ～ンと張っている
内ももがたるんでいる
ししゃも脚が気になる……。

一部分だけ形や太さが気になるときは、
パーツ別のエクササイズを重点的に！

動画はこちら

解説のみ

実演

ピーマン尻を改善したい

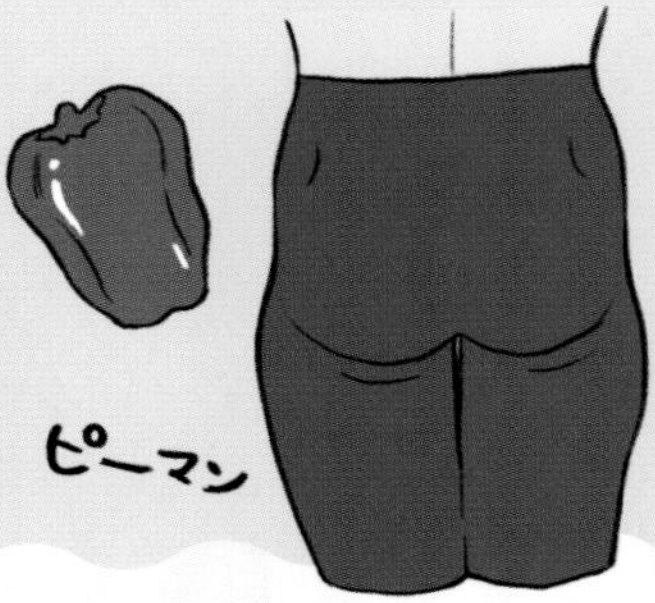

気になる部位別エクサ 1 両手床押し

1 両手をついてしゃがむ

足の間をこぶし1個分あけてしゃがみ、両手を床につく。このとき、かかとは浮かせる。

Point
裏ももとお尻の筋肉が刺激されて丸い桃尻に

裏ももが硬いとお尻が下に引っ張られ、お尻の下部に脂肪がたまって四角く広がったピーマン尻に。お尻を天井へ突き上げるように裏ももをしっかり伸ばすと、下に引っ張られていたお尻がアップします。

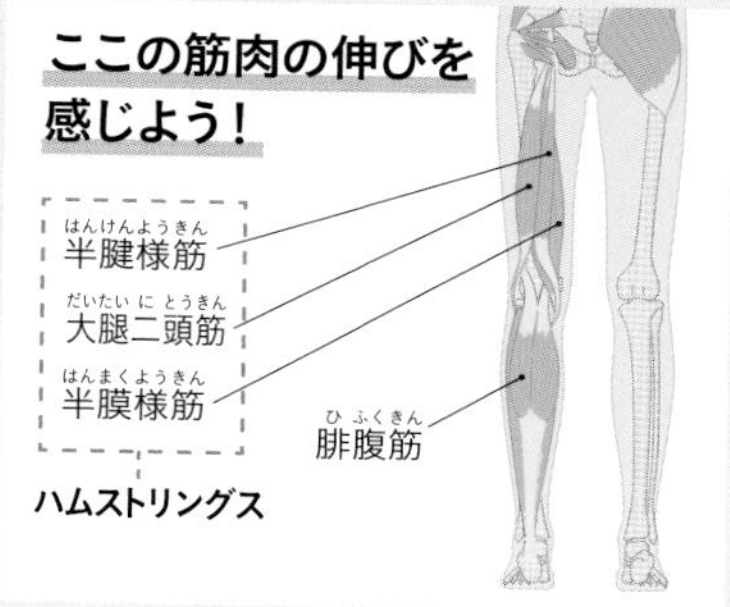
ここの筋肉の伸びを感じよう！
半腱様筋《はんけんようきん》
大腿二頭筋《だいたいにとうきん》
半膜様筋《はんまくようきん》
ハムストリングス
腓腹筋《ひふくきん》

2 床を押してお尻を天井に向ける

息を吐きながら、かかとと両手で床を押して、お尻を天井に向かって上げ、裏ももとひざ裏を伸ばす。10回。

NG 重心が後ろになっている

NG 手が床から離れる

10回
お尻を
天井の方へ上げる
ここが
伸びる
両手で床を押す
かかとをつける

お尻と脚の境目がほしい

動画はこちら
解説のみ
実演

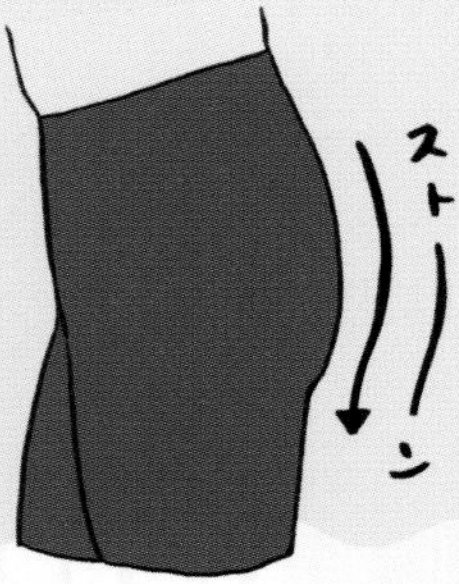

気になる部位別エクサ 2 椅子バックランジ

1 椅子の背を持って立つ

椅子の背を持つか、壁や机などに手をついて、1歩後ろに立って、背筋を伸ばす。

Point
眠ったお尻の筋肉を使って お尻の位置を上げる

脚を元の位置に戻すときには、前の脚のお尻の力を使うこと。眠っていたお尻の筋肉が目覚めて、お尻の位置が上がり、脚とお尻の境目ができます。

ここの筋肉の伸びを感じよう！

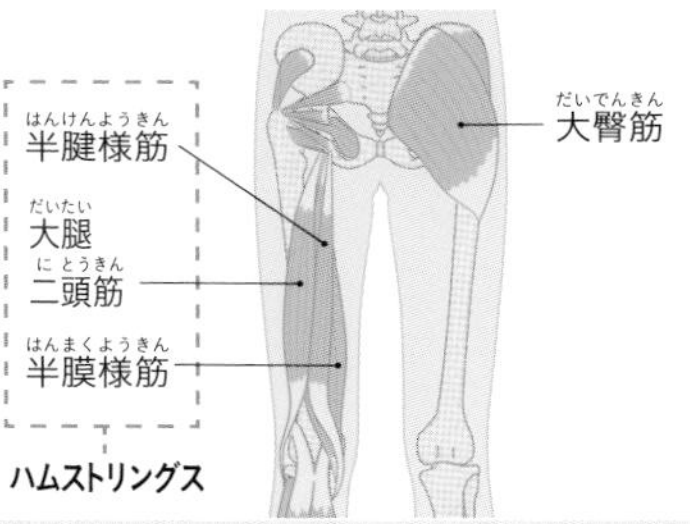
半腱様筋《はんけんようきん》
大腿《だいたい》
二頭筋《にとうきん》
半膜様筋《はんまくようきん》
ハムストリングス
大臀筋《だいでんきん》

2 片脚を大きく後ろに引く

伸ばすほうと反対の脚を大きく後ろに引き、体は前傾。前の足のかかとで床を押して、脚を元の位置へ。10回。

NG 上体が前に倒れすぎる

体は前傾
ここが伸びる
大きく脚を引く
かかとで床を押して1に戻る

左右各10回

動画はこちら
解説のみ
実演

内もものたるみを引き締めたい

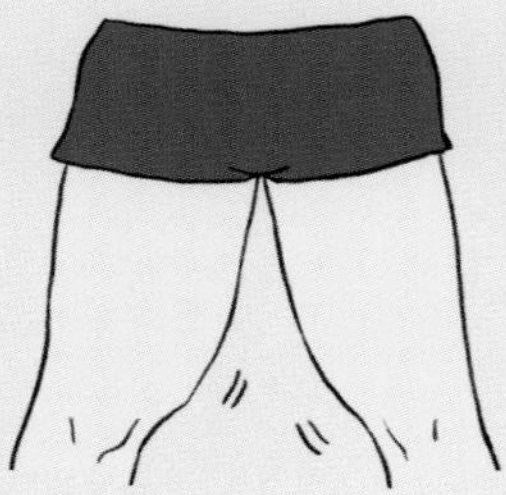

気になる部位別エクサ 3　ワイドスクワット

1 壁に手をついて足を開いて立つ

肩幅より広めに足を開いて、つま先は30度外に開いて壁の前に立ち、壁に両手をつく。

肩より少し下に
手をつく

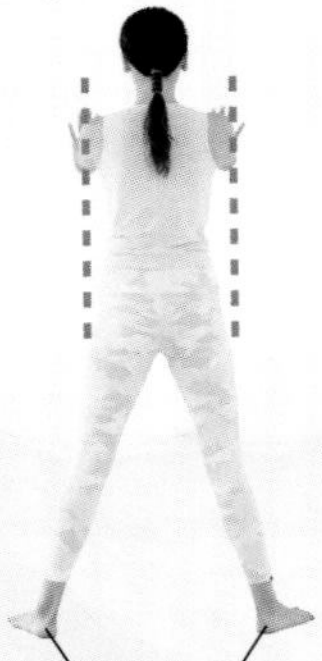
後ろから見ると
肩幅くらいに開く

Point
ひざを外に開くと内ももが刺激される

内ももの筋肉を使っていないと、そこに脂肪がたまってたるむ原因に。ワイドスクワットでできるだけひざをつま先より外に開くと、内ももが刺激されて引き締まります。

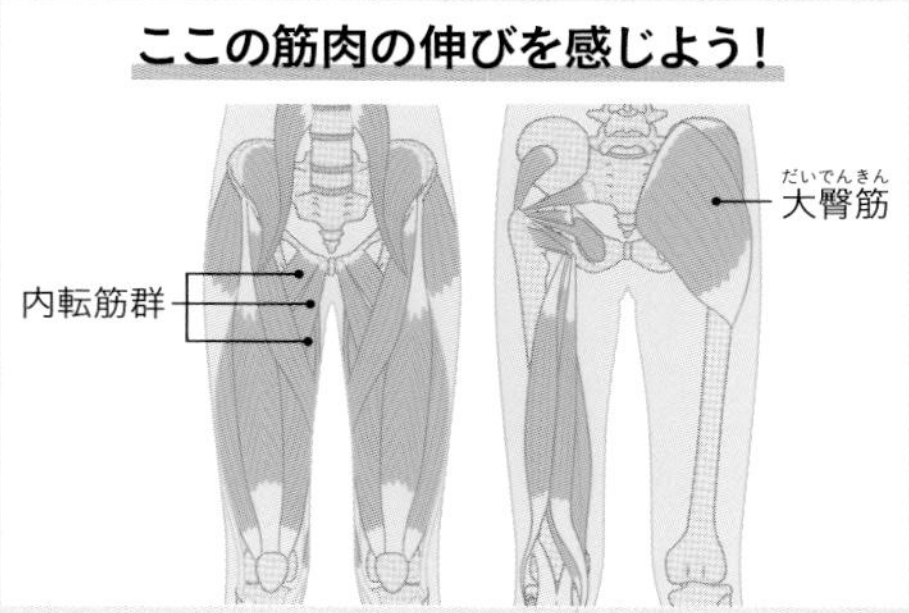
ここの筋肉の伸びを感じよう！
内転筋群
大臀筋《だいでんきん》

2 ひざを外に向けて腰を落とす

バランスをとりやすいように手で壁を押し、ひざを外側に開きながらお尻を突き出す。お尻を締めながら元に戻る。ゆっくりと10回。

NG 背中が丸まる

10回

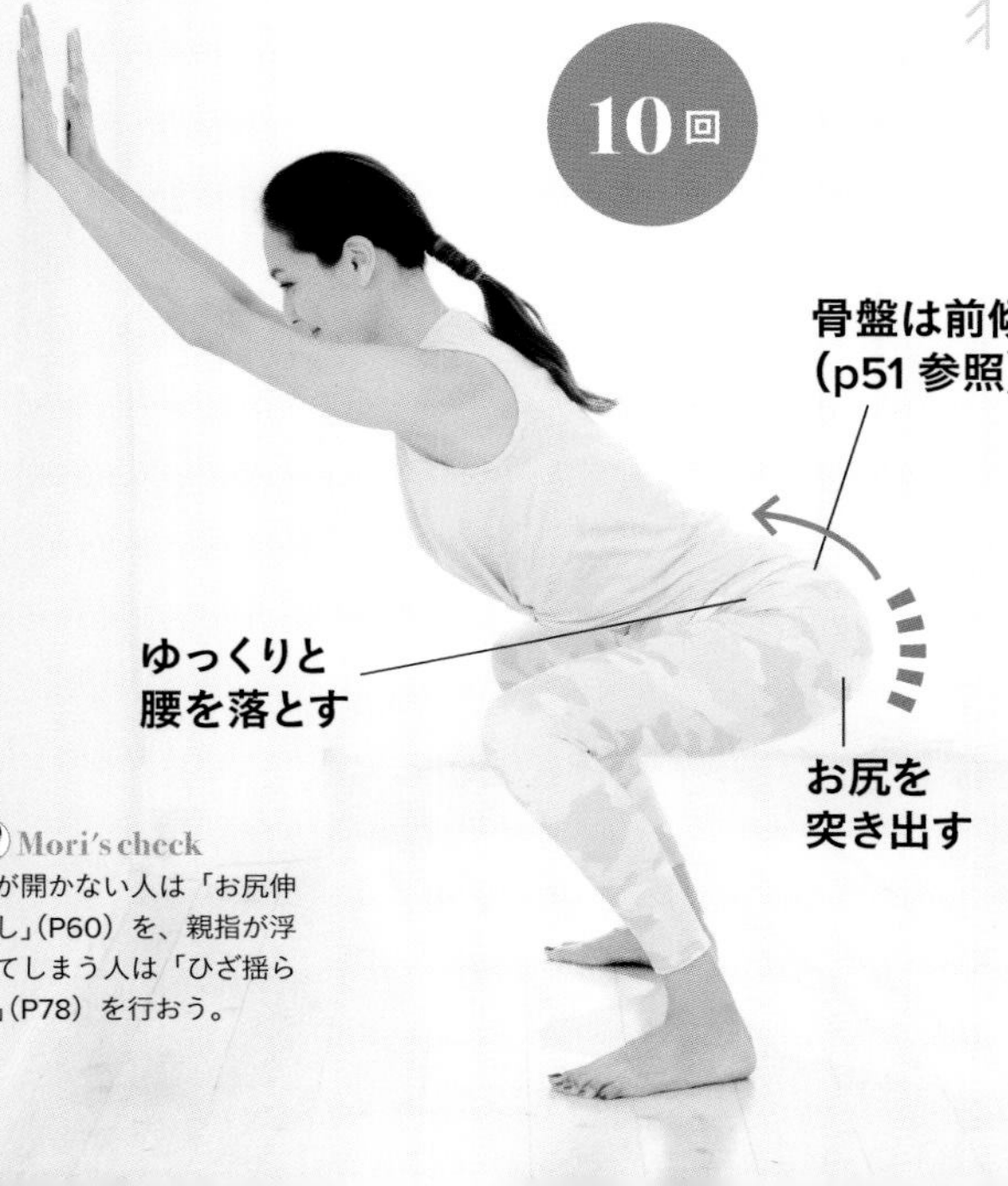
骨盤は前傾
(p51 参照)
ゆっくりと
腰を落とす
お尻を
突き出す

後ろから見ると
ひざを外に
向ける

Mori's check
脚が開かない人は「お尻伸ばし」(P60) を、親指が浮いてしまう人は「ひざ揺らし」(P78) を行おう。

ししゃも脚を改善したい

動画はこちら
解説のみ
実演

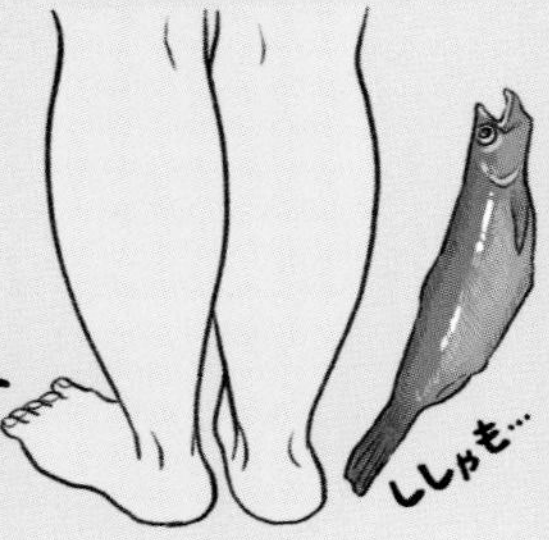
ししゃも…

気になる部位別エクサ 4 片ひざ抱えストレッチ

1 片ひざを抱えて体重をのせる

正座の姿勢から片ひざを立て、立てたひざを両手で抱える。かかとが浮くように、立てた脚に体重をのせる。

両手で
ひざを抱える
体重をかけて
かかとを浮かせる

Point
2つの筋肉を同時に伸ばして筋肉のバランスを整える

ふくらはぎの表層には腓腹筋、深層にはヒラメ筋があります。足首からふくらはぎの裏を伸ばすことで2つの筋肉を同時にストレッチ。筋肉のバランスを整えて、がっしりししゃも脚をすっきり脚に。

ここの筋肉の伸びを感じよう！

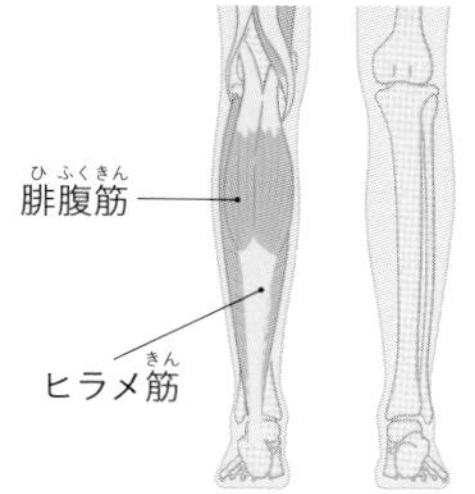

2 かかとを床に近づける

体重をかけたままかかとを床に近づけて、足首からふくらはぎの裏を伸ばして30秒。

左右 各30秒

足首に体重をのせる

かかとを床に近づける（床につかなくてOK）

足首を細くしたい

動画はこちら
▶解説のみ
▶実演

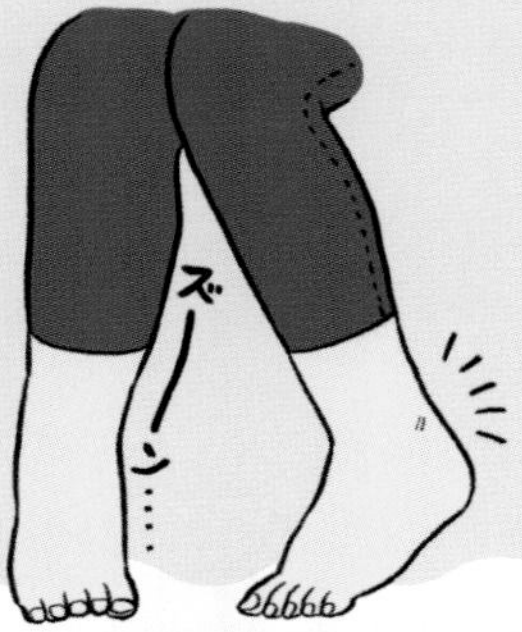
ズーン……

気になる部位別エクサ 5 足首&足指回し

1 | 足首 | 足首を大きく回す

足指の間に手指を入れて組むようにしっかり握り、回しやすいほうに大きく足首を10回回す。

左右各10回

手指と足指を組む

反対の脚は伸ばしてもOK
回しやすいほうに大きく回す

Point 足指が使えないと足首、ふくらはぎが太くなる

足指が使えないと、無理に足首を返して地面を蹴って歩こうとするため、足首やふくらはぎが太くなります。足指をほぐして、足裏の筋肉をいつでも使いやすいようにリセット。

2 | 足指 | 親指と小指を回す

足の甲を上からつかみ、親指を外回しに10回回す。
次に足の甲を下からつかみ、小指を外回しに10回回す。

小指のときは

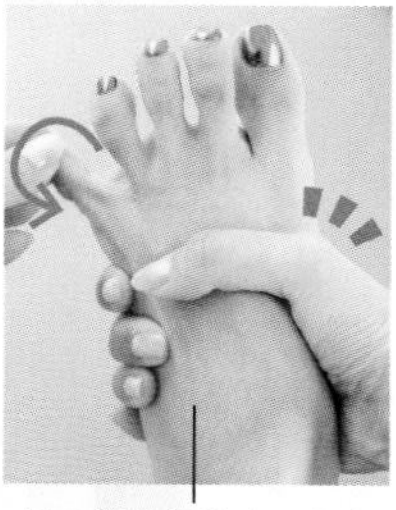

足の甲を下からつかむ

親指のときは

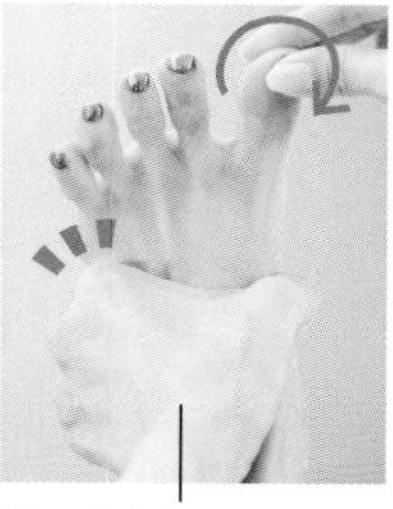

足の甲を上からつかむ

左右&各指
各10回

足の甲をしっかりつかむ

実は深い関係がある！

上半身の筋肉が使えないと下半身は太くなる

最後に紹介するのは上半身のトレーニングです。脚やせに上半身は関係ないのでは？　と疑問に思うかもしれません。しかし、**脚が細くならない人の中には、上半身、特に肋骨や背骨の硬さが原因で股関節がねじれている人がいます。**いくら脚のストレッチをしても脚の形が変わらないと思う人は、ぜひ上半身のトレーニングを行ってください。

肋骨は背骨から肺と心臓を囲んで、胴体をつくっている骨。肋骨が前や後ろに傾くと背骨と骨盤も傾きます。さらに傾いた上半身の重さに引っ張られて、股関節もねじれてしまうのです。脚のストレッチやお尻の筋トレで股関節が正しい位置にはまっても、上半身のゆがみを放っておけば、股関節はまたねじれてきてしまいます。そこで、大事なのは上半身のトレーニング。**普段の悪い姿勢で動きの悪くなった背骨まわりを動かし、弱くなった腹筋を使いながら、肋骨の動きをとり戻します。**肋骨が正しい位置に戻れば、股関節への負担が激減。上半身が原因で股関節がねじれることはなくなります。

上半身のバランスの崩れが下半身太りを招く

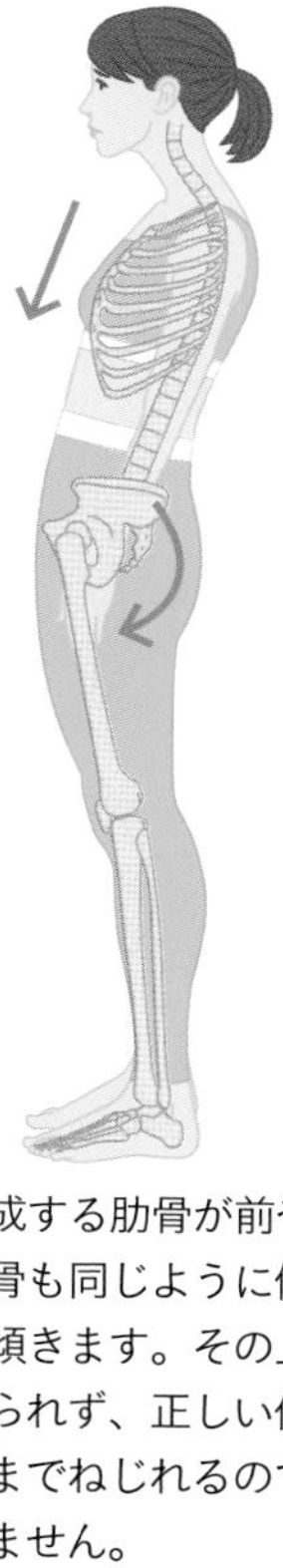

胴体を形成する肋骨が前や後ろに傾くと、背骨も同じように傾き、骨盤も前後に傾きます。その上半身の重さに耐えられず、正しい位置にあった股関節までねじれるので下半身は細くなりません。

背骨の動きをよくする

背中丸め

動画はこちら

解説のみ

実演

**背骨、肋骨、骨盤の動きを連動させながら
硬くなった筋肉をほぐしましょう！**

1 よつんばいになる

よつんばいになり、肩の真下に手、股関節の真下にひざをつく。足は骨盤幅にあけてつま先を立てる。

親指を前、
他の指を外に向けると
よりやりやすい
肩の真下に手を置く
ひざを股関節の
真下につく
骨盤幅に開く

2 背中を丸める

鼻から息を吸って、吐きながら手で床を押して骨盤を後傾し、お尻を締め、背中を丸める。

背中を丸める
小指側で床を押す
お尻を締める

POINT

背骨をひとつずつ動かすようにゆっくりと！

背骨をひとつずつ動かすように、ゆっくりと動かしながら、骨盤と肋骨を傾けるのがコツ。一度息を吸って、吐きながらゆっくりと背中を動かしましょう。

3 背中を反る

一度息を吸い、吐きながら骨盤を前傾させて背中を反り、お尻を後ろに引いて胸を前に出す。2〜3をゆっくり10回。

10回

大きな
アーチをつくる
お尻は
後ろへ
胸は前へ
両手を手前に
引き寄せる
骨盤は前傾（P51 参照）

お腹を縮める力をつける

ひざ立ち腹筋

動画はこちら
↓

▶ 解説のみ

▶ 実演

**お腹を縮める動きで腹筋と体幹の筋肉を目覚めさせて
体幹を安定させ、股関節への負担を減らします。**

1 ひざ立ちになり両手は太ももの上に

ひざ立ちになり、ひざは腰幅に開く。つま先を立てお尻を締め、両手は太ももの上に置く。

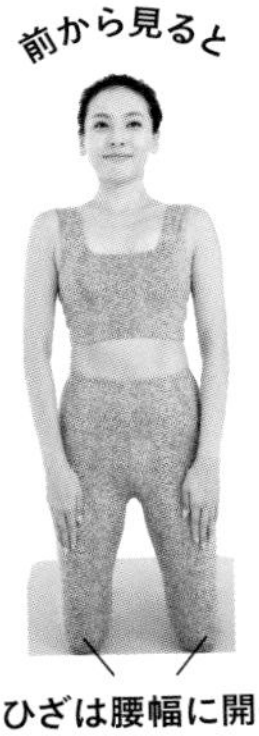

POINT

お腹に効かせるためには お尻を締めて背中下部を丸める

常にお尻を締めて、骨盤後傾を意識しながら、みぞおちを内側に入れるようにお腹を縮めて。お尻の力が抜けてしまうと、お腹に上手く力が入らないので、お腹以上にお尻を意識。

2 背中を丸めながらお腹を縮める

一度息を吸って、吐きながら手を太ももの上で滑らせ、背中を丸めて、同時にお腹を縮める。1～2を10回。

NG お尻が落ちているのはダメ

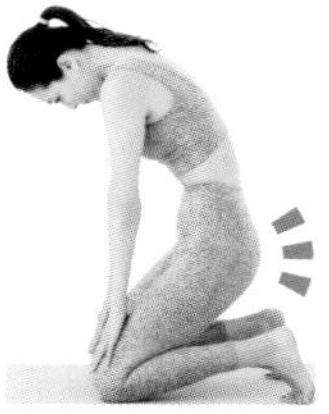

前から見ると

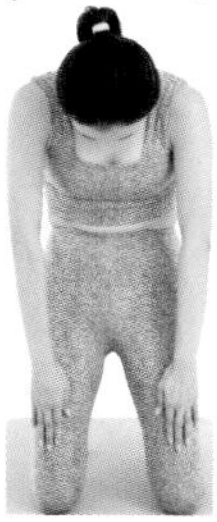

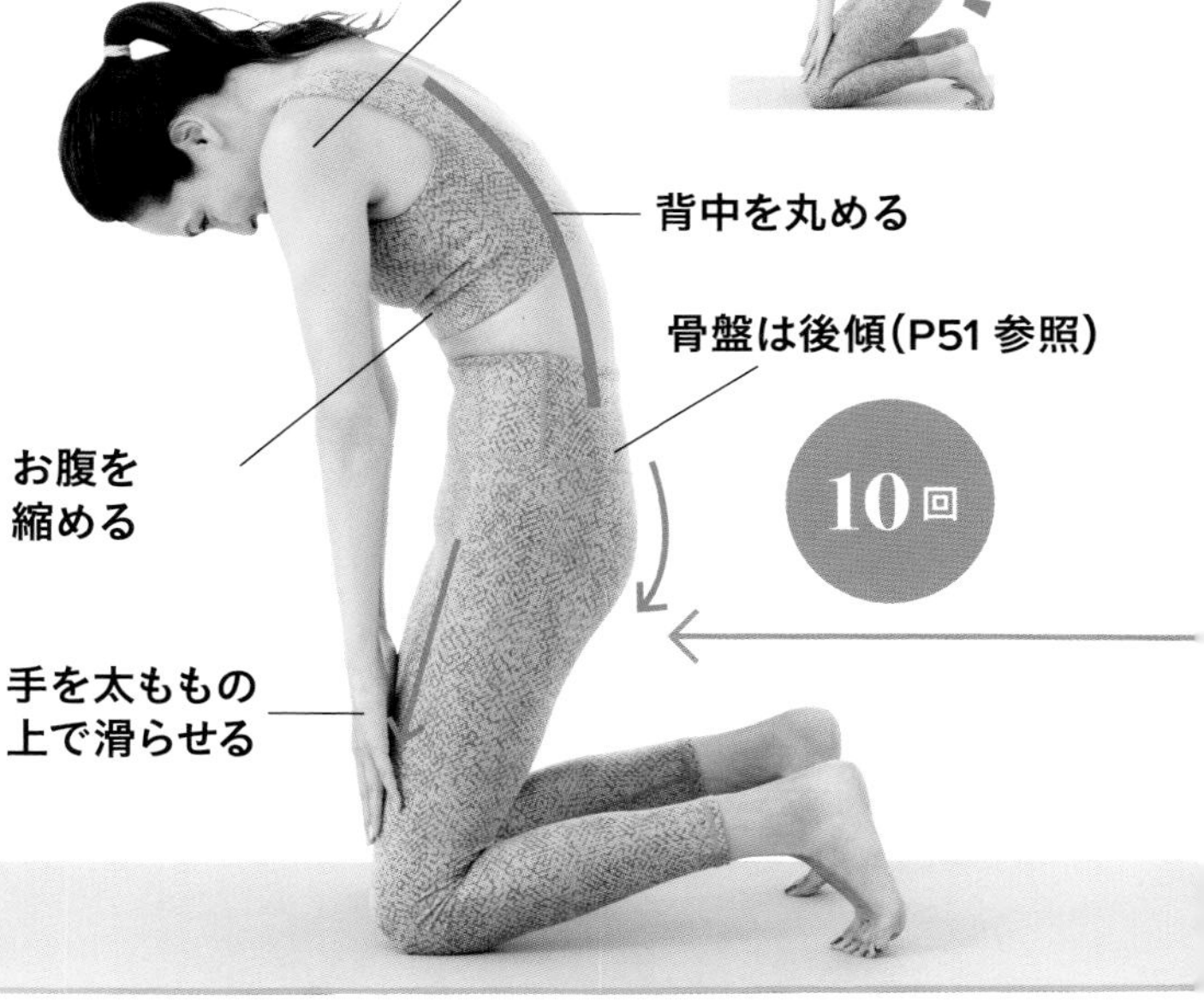

肩を下げる
背中を丸める
骨盤は後傾（P51 参照）
お腹を縮める
手を太ももの上で滑らせる
10回

Mori's check
上手くお腹を縮められない人は、「背中丸め」(P116)をしっかり行おう。

背中を鍛えて肋骨の動きをとり戻す

背中上部反らし

動画はこちら
↓

▶ 解説のみ

▶ 実演

呼吸に合わせて閉じたり開いたりする肋骨は悪い姿勢ではカチコチに。背中を鍛えて動きをスムーズにしましょう！

1 うつぶせになり、首からつま先まで伸ばす

うつぶせになり足を腰幅に開き、両手は顔の横に置く。恥骨を床に押しつけて、床とお腹に手のひら一枚分のすき間をつくる。

恥骨を床に押しつける

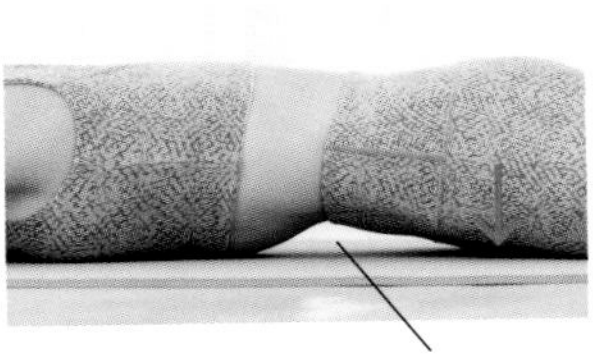

お腹は手のひら一枚分のすき間ができる

お腹がベタッとついた状態

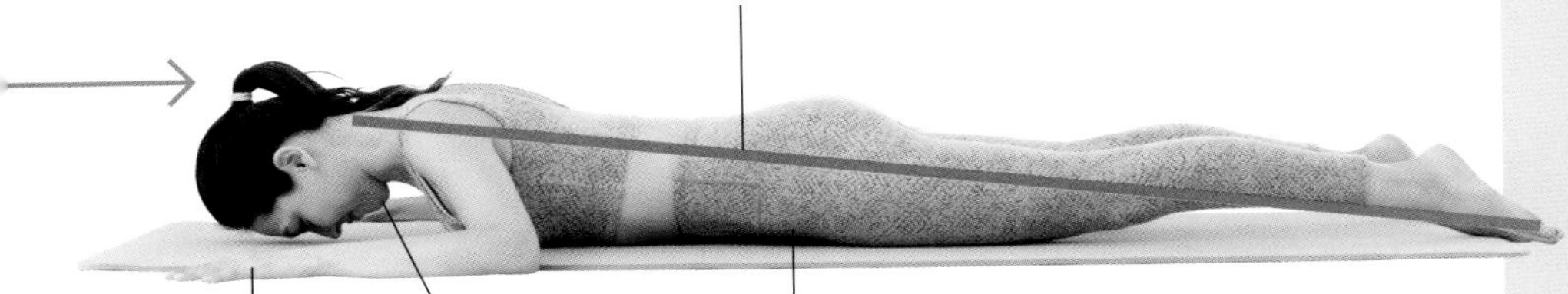

※恥骨とは股間中央の骨のこと。

POINT

背中の力だけで体を起こすと肋骨まわりと背中上部に効く

腰で体を起こすと上体は大きく動きますが、肋骨には効いていません。背中で体を起こすと少しだけしか上がりませんが、その小さな動きが肋骨と背中上部に効かせるポイント。

2 首を伸ばしたまま、背中で上体を起こす

息を吐きながら、あごを引き首の後ろを伸ばしたまま背中の力で少しだけ体を起こす。1～2を5回。

NG 腰で体を起こし、あごが上がっている

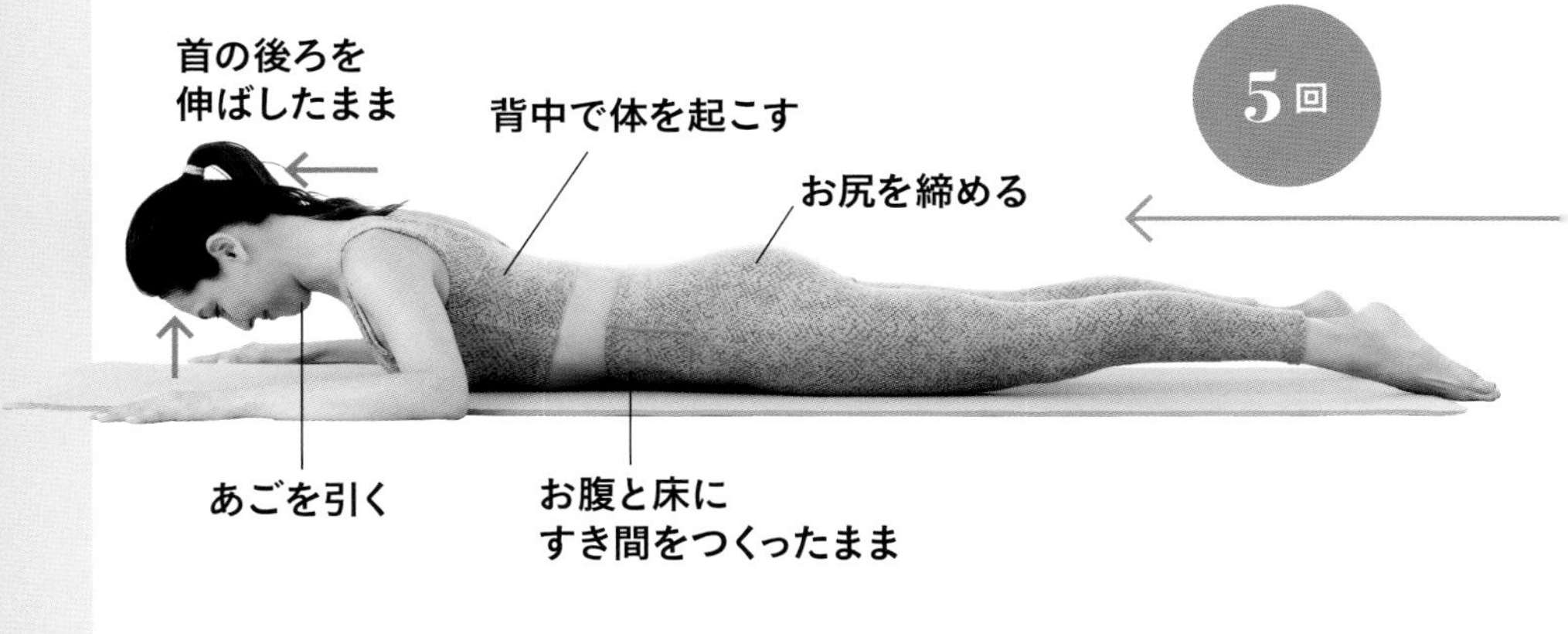
首の後ろを
伸ばしたまま
背中で体を起こす
5回
お尻を締める
あごを引く
お腹と床に
すき間をつくったまま

森式『脚やせ』Q&A

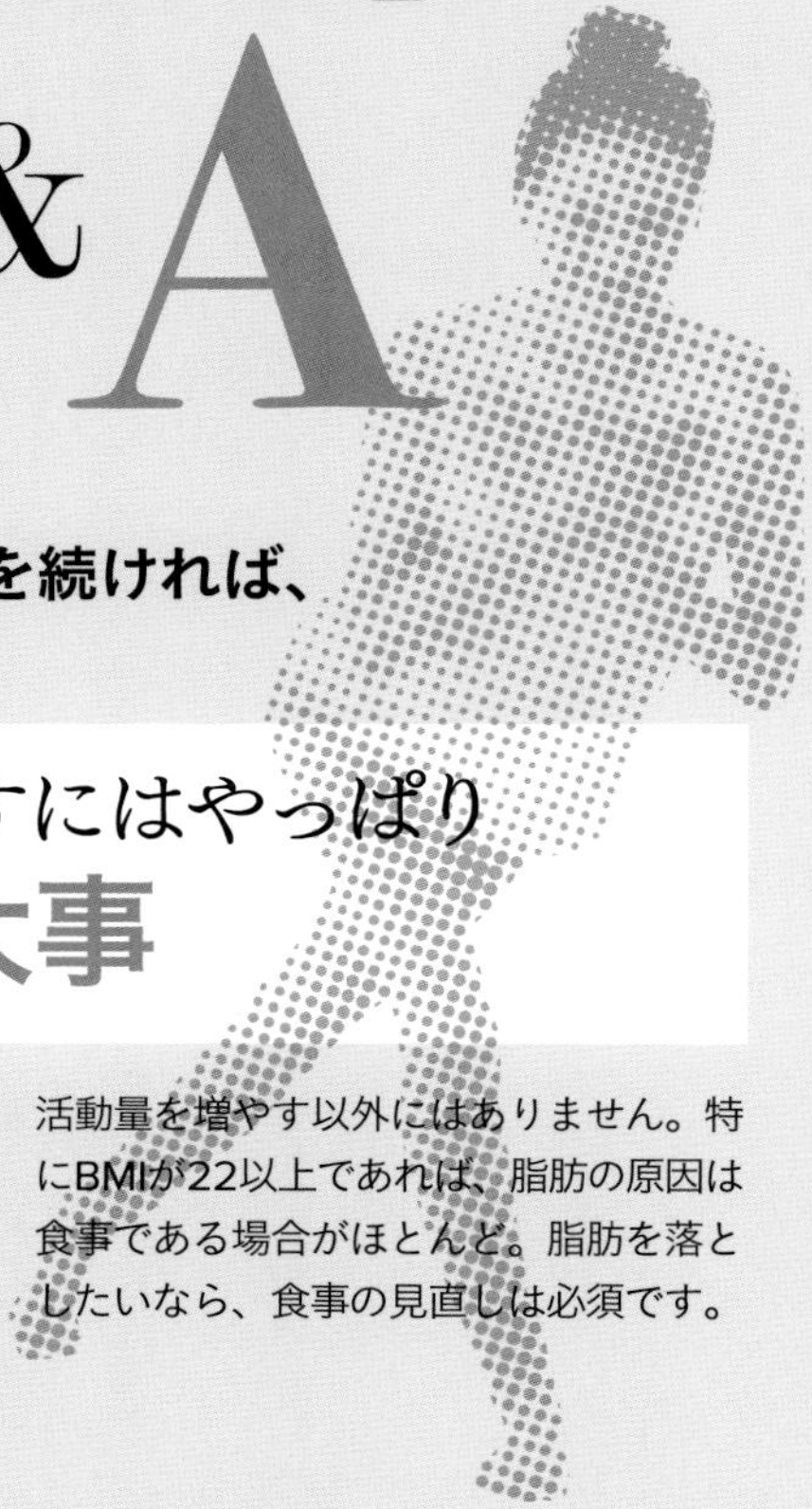

Q 脚やせエクササイズを続ければ、脂肪も落ちるの？

A 脂肪を落とすにはやっぱり食事が大事

脚やせエクササイズを続ければ、歩き方が変わったり筋肉を使う量が増えるので、長い時間をかければ脂肪は落ちてきます。でも脂肪を落とすには食事量を減らして、活動量を増やす以外にはありません。特にBMIが22以上であれば、脂肪の原因は食事である場合がほとんど。脂肪を落としたいなら、食事の見直しは必須です。

*BMI値とは……体重と身長から計算する肥満度を表す体格指数。

Q 伸ばしたときに痛みを感じても続けていいの？

A 痛いのはダメ。心地よく30秒キープできる強さがベスト

痛いのにガマンしてまで伸ばし続けては、効果は半減。痛みを感じたら、その手前の位置で伸ばしましょう。ストレッチは、はじめは「少し痛いかも」くらいで、30秒伸ばし続けている間に、その軽い痛みが気持ちよくなる強さで行うのが正しいやり方。どれくらい伸ばすと痛気持ちいいかを感じながら行って。

Q エクササイズ中、呼吸は続けなきゃダメ？

A 呼吸を続けられる強度にしましょう

無理に力を入れてエクササイズを行うと、無意識に呼吸が止まってしまう場合があります。これはエクササイズの強度が強すぎ。ゆっくり呼吸ができる程度の強度でエクササイズをすることで、より筋肉を伸ばすことができます。

Q いつ行うのが効果的？

A 体が硬い人はお風呂上がりが◎

朝行えば一日中股関節がずれにくい状態をキープできます。また、体が硬い人は体が温まったお風呂上がりのほうがほぐれやすいのでおすすめ。基本的には一日のうちでいつ行ってもOKですが、やりすぎには注意しましょう。

Q やってはいけないときは？

A ケガや痛みがあるときは避けて

ケガをしているときは控えましょう。特に変形性関節症や脊柱管狭窄症など外科的に問題がある場合は、痛みが強くなることが多いので絶対に行わないでください。エクササイズをして強い痛みを感じた場合も行わないこと。

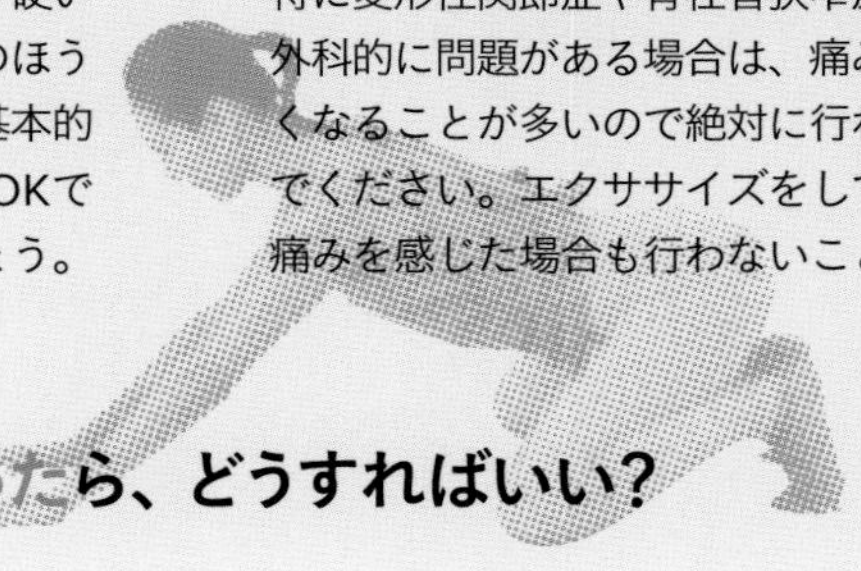

Q 脚がつっちゃったら、どうすればいい？

A つりやすい人は水分補給を

脚がつったら、そこでエクササイズはストップ。脚がつるのは筋肉の収縮が原因なので、つった場所を伸ばすのがおすすめ。また、脚がつりやすい人は水分やマグネシウム不足の可能性も。水分をたっぷりとりながら行いましょう。

Q 脚やせエクササイズで腰の重だるさも改善する？

A 股関節が原因の場合はラクになることも

腰が重い、腰痛など、腰の違和感は下半身に問題がある場合がほとんど。特に股関節が原因の腰痛は、本書のエクササイズでラクになることも多いでしょう。腰痛が気になる人は筋トレよりストレッチを重点的に行うのがおすすめです。

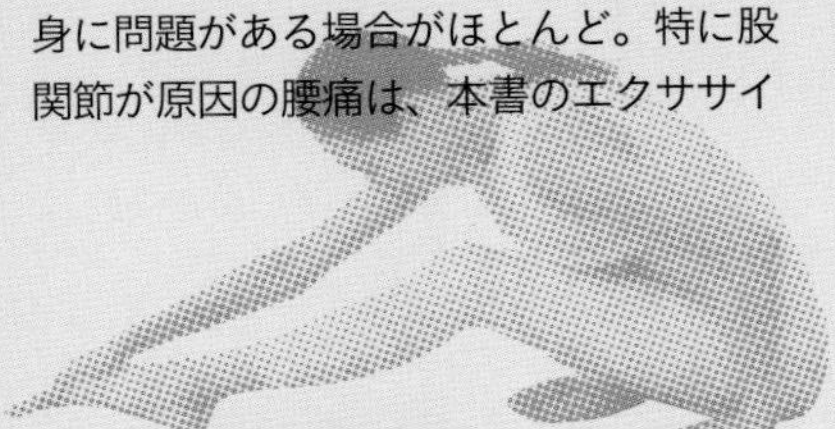

Q 妊娠中や産後はやってもいい？

A 専門医に相談をしましょう

妊娠中や産後は個人差があるので、専門医にご相談のうえ、行うようにしてください。また生理中は、痛みがなければ行っても問題ありません。むくみがとれて体がラクになる人もいますが、無理して行うのは避けましょう。

Q どれくらいで脚が細くなりますか？

A 1回で変わる人も。2週間は続けましょう

1回行っただけで脚のねじれがとれて脚の形が変わる人も。しかし、脚の形が定着するのにはエクササイズを続けて2週間ほどかかります。毎日鏡で脚の形をチェックすれば、その変化にモチベーションもアップ！

Q 脚がやせてくると、上半身も細くなりますか？

A 姿勢がよくなるから、可能性はあります

ふくらはぎは第二の心臓と呼ばれ、下半身の血液の循環を左右する場所。脚がやせる＝脚の問題が改善すると全身の血流がよくなってむくみが解消していきます。また脚のねじれがとれれば姿勢がよくなるので、上半身が整う可能性も。

Q ストレッチしても伸びている気がしません

A 動画でポイントをもう一度確認しよう！

本書では伸びを感じてほしい場所に印をつけています。そこに伸びを感じない場合は、ストレッチの動きが違うかもしれません。また、伸びを感じていても印と違う場所が伸びていたら動画でポイントの確認を！

Q 効果をアップさせるためのコツを教えて！

A 動画のスピードに合わせてやってみよう

回数でカウントするエクササイズの場合、速く動かしすぎると効果が半減。特に初回は、動画のスピードに合わせてエクササイズを行って、テンポを覚えましょう。適正なスピードも効果を上げる大事な要素です。

Q エクササイズの数が多すぎて一度にできない

A 一日のうちに分割してOK。少しずつでも毎日続けて

いっぺんにできない場合は一日のうちで2〜3回に分けて行ってもOK。効果を出すためには少しずつでもいいので毎日続けること！

Q 日常生活で気をつけたほうがいいことは？

A 同じ姿勢を長時間とり続けないこと

せっかくエクササイズで脚のねじれがとれてきても、長時間、座りっぱなし、立ちっぱなしなど、同じ姿勢が続くことで股関節がまたねじれてきます。そこで、同じ姿勢が続いたら1時間に1回はストレッチするなど体を動かして。

おわりに

よくある質問に「トレーニングは続けていかないと体形を維持できないのでしょうか？」というものがあります。筋肉というのは、使わないと衰えていくものですし、年齢を重ねるとそれが加速していきます。それもあって知らぬうちに、スタイルを維持するということと以前に健康を維持していくだけで大変になっていくのです。

運動も食事も、生きていく上で欠かせないものです。日々の生活で目の前の仕事をこなすことももちろん大事なのですが、誰かのためにしか生きていない時間が長くなると、自分のために使う時間が短くなり、いい加減になってきてしまうのです。

運動は、集中して自分と向き合う時間、つまりマインドフルネスです。自分の心と体をコントロールする時間を大切にしないと、だんだん自分の調子が悪いことにさえ気づけなくなってしまいます。たかがストレッチや筋トレで？　と思われるかもしれませんが、そのたかが脚を上げたり曲げたりすることが上手くできないという経験は、現に本書の内容を実践することでされていると思いますし、それを続けていくことがいかに大変かも理解されている方がほとんどだと思います。

コツコツと効果のあることを続けていくと、必ず結果に結びつき、それが自分に自信を与えてくれます。トレーニングの効果とは、結果が出たことで得られるのではなく、やっていく過程を含めてのものです。努力もなく簡単に得られてしまう結果との価値とは雲泥の差でしょう。すぐには結果に結びつかなくても、日々行っていることを記して、その変化を少しずつでも感じることができれば、最終的には大きな結果をもたらすはずです。

本書が、皆さんにとって自身と向き合うきっかけとなり、理想を実現する一助となれることを心より願っております。

森 拓郎

森 拓郎

ボディワーカー、ピラティス指導者、整体師、美容矯正師。大手フィットネスクラブを経て、2009 年、パーソナルトレーニングスタジオ『rinato』を東京・恵比寿にオープンし、ボディメイクやダイエットを指導。モデルや女優などの著名人のクライアントも多く、その指導に定評がある。オンラインレッスンやYouTube も大人気。テレビ、雑誌など多くのメディアで注目されている。著書に、『ダイエットは運動 1 割、食事 9 割』（ディスカヴァー・トゥエンティワン）、『30 日でスキニーデニムの似合う私になる』（ワニブックス）、『きれいな人の老けない食べ方』（SB Creative）などがある。累計 100 万部超え。

Twitter @moritaku6　Instagram @mori_taku6

脚《あし》やせ本《ぼん》

一日《いちにち》2分《ふん》で細《ほそ》くなる！

2021年12月20日　第1刷発行
2023年 4 月21日　第4刷発行

著　者	森《もり》 拓郎《たくろう》
発 行 者	鈴木章一
発 行 所	KODANSHA 株式会社 講談社 〒112-8001 東京都文京区音羽2-12-21 編集　☎03-5395-3469 販売　☎03-5395-3606 業務　☎03-5395-3615
印 刷 所	凸版印刷株式会社
製 本 所	大口製本印刷株式会社

ISBN 978-4-06-526915-2

衣装クレジット

【p10-11、36-45、68-69】
カットソー￥4900 ／ KIT（YES）
レギンス￥12760（L'URV)、ブラトップ￥7929（alo yoga）／ BREATH TAKING

【p50-63】
カットソー￥5400（YES)、レギンス￥11900（Mandala）／ KIT
ブラトップ￥7920 ／ BREATH TAKING（alo yoga）

【p88-97、116-121】
ブラトップ￥9900、レギンス￥14900 ／ KIT（Varley）

【p70-83、104-113】
カットソー￥4900（YES)、レギンス￥9900（Onzie）／ KIT

【カバー、p8-9、23、47、65、85、103】
カットソー￥6820 ／ジジョン（+FOUR CORNERS）
ショートパンツ／スタイリスト私物

【問い合わせ先】
BREATH TAKING ／ https://www.alobt.com
KIT ／ https://www.kitstore.jp　ジジョン／ 03-5213-4651

STAFF

デザイン	羽鳥光穂
撮影	岩谷優一（vale.／SOGYONさん） 杉山和行（森さん）金栄珠（p12-15）
モデル	SOGYON（ソギョン）
ヘアメイク	藤本 希（cheek one／SOGYONさん） 土方証子（森さん）
スタイリング	滝沢真奈
イラスト	内山弘隆 ほかほか命
動画撮影	森 京子、杉山和行
動画編集	森 京子
編集協力	山本美和